FEIERABEND
KÜCHE

NOKIA
Kirschtomaten
Staudensellerie
glatte Petersilie

Anne Lucas

FEIERABEND KÜCHE

Perfektes Timing mit Wochenplaner und Austauschtipps

südwest

INHALTSVERZEICHNIS

ENDLICH FEIERABEND!

Am Ende eines langen Arbeitstages wünscht sich jeder Berufstätige so schnell wie möglich ein leckeres Abendessen auf dem Tisch – und das, ohne dafür lange in der Küche zu stehen und ewig zu schnippeln. Danach Ruhe und Entspannung ... Genau diesen Wunsch erfüllt dieses Buch. Hier finden Sie alles, was Sie für Ihren wohlverdienten Tagesausklang brauchen.

Dieses Kochbuch weist den Weg in einen genussvollen Feierabend:

- **Mehr als 70 Rezepte sorgen für Abwechslung.**
- **Alle Gerichte lassen sich ganz einfach und mit frischen, überall erhältlichen Zutaten zubereiten.**
- **Alle Gerichte sind in ca. 30 Minuten zubereitet.**
- **18 Blitzgerichte für ganz Eilige sorgen für noch schnelleren Genuss.**
- **Tipps und Tricks erleichtern die Zubereitung, um die Gerichte aufzuwerten, kreativ abzuwandeln oder zu vereinfachen.**
- **Alle Rezepte sind für zwei Personen berechnet, können jedoch durch Verdoppeln bzw. Verdreifachen der Zutaten für vier bzw. sechs Personen zubereitet werden.**
- **Querverweise im Buch ermöglichen das Kombinieren und Variieren verschiedener Rezepte.**
- **Durch gut strukturierte und leicht nachvollziehbare Rezepte kann die Zeit optimal genutzt werden.**

DIE VORRATSHALTUNG DER ZUTATEN

Zeitsparendes Kochen setzt eine gewisse Vorratshaltung voraus. Sind die Grundzutaten erst einmal im Haus, werden der wöchentliche Einkauf erleichtert und ein abwechslungsreiches Kochen ermöglicht. Die Entscheidung, was gekocht wird, lässt sich dann spontan treffen. Auch wenn unerwarteter Besuch vor der Tür steht, können Sie Ihre Gäste mit einem guten und leckeren Essen verwöhnen. Zum Beispiel mit einem Nudelgericht oder mit einem Risotto. Wenn Sie dann noch über einen Kräutertopf verfügen, können Sie etwas Frische zufügen.

Lebensmittelvorrat als Basis für schnelles, stressfreies Kochen:

Tiefkühlgemüse
Blattspinat, grüne Bohnen, Brokkoli, Erbsen

Dosenware
stückige Tomaten, Hülsenfrüchte (Kichererbsen, Bohnen, Linsen)

Trockene Ware
Nudeln (verschiedene Formen), Reis, Instant-Bulgur, Instant-Couscous

Frische Ware
Kartoffeln, Knoblauch, Zitronen, Zwiebeln

Fette
Öl, Butter, Butterschmalz

Geschmacksgeber
Biobrühepulver, Essig, Tomatenmark, Salz, Pfeffer, Chiliflocken, Kümmel, Zimt, Curry-, Paprikapulver sowie getrocknete Kräuter

Kräuter im Topf
Basilikum, Petersilie usw.

Sonstiges
Eier, Mehl, Parmesan

DIE LAGERUNG DER ZUTATEN

Um stets einen Überblick über die Lebensmittelvorräte zu behalten, ist eine übersichtliche Lagerung sinnvoll. So geraten keine Produkte in Vergessenheit, und Sie können schnell sehen, was noch da ist oder was gekauft werden muss.

Optimale Lagerung von Lebensmitteln:

Trocken, dunkel, kühl

- Bewahren Sie **Nudeln, Reis, Konserven, Kartoffeln, Zwiebeln** und **Knoblauch** an einem trockenen, kühlen und dunklen Ort auf.
- Lagern Sie **Äpfel** ebenfalls an einem kühlen, dunklen Ort, getrennt von anderen Obst- und Gemüsearten. Äpfel geben im Laufe der Lagerung den reifefördernden Stoff Ethylen ab, der umliegendes Obst und Gemüse schneller reifen und verderben lässt.

Griffbereit

- Produkte, die häufig verwendet werden, etwa **Gewürze, Essig** und **Öl,** stellen Sie am besten in verschließbaren Behältern griffbereit in die Nähe der Kochstelle.
- Legen Sie **Avocados, Tomaten** und **Bananen** bis zum Verzehr bei Zimmertemperatur in eine Schale in der Küche.

Im Kühlschrank

- ganz oben: **Käse** und **zubereitete Speisereste.** Speisereste zuvor vollständig abkühlen lassen und in einen fest verschließbaren Behälter geben.
- in der Mitte: **Milchprodukte** (Joghurt, Sahne, Schmand, Quark)
- im unteren Bereich: **leicht verderbliche Ware** (Fisch, Fleisch, Wurst). Achten Sie darauf, dass diese Lebensmittel nicht in ihrem eigenen Saft liegen. Fisch und Fleisch am besten aus der Verpackung nehmen und mit Küchenpapier trockentupfen. Auf einen Teller legen und mit Folie abgedeckt in den Kühlschrank stellen.
- ganz unten (im Gemüsefach): **Obst** und **Gemüse**
- in der Kühlschranktür: **Eier, Tomatenmark, Senf, Getränke, Konfitüren** und **Butter.** Butter sollte in eine verschließbare Dose umgefüllt werden, da sie schnell Geruch und Geschmack von umliegenden Lebensmitteln annimmt.
- Reinigen Sie den Kühlschrank einmal im Monat mit Essigwasser, um die Verbreitung von Keimen zu vermeiden.

Aufbewahrung von Kräutern

- Basilikum oder andere Kräuterpflanzen aus Plastiktöpfen pflanzen Sie am besten in Tontöpfe um. Kräutertöpfe immer feucht halten.
- Petersilie, Dill und Schnittlauch lassen sich prima einfrieren. Einfach die Kräuter hacken, in kleine Döschen füllen, einfrieren und nach Bedarf entnehmen.
- Kräuterbunde entweder in einen Gefrierbeutel geben und fest verschlossen im Gemüsefach des Kühlschranks lagern. Oder die Kräuterstängel mit einer Schere etwas abschneiden und das Bund in ein Wasserglas stellen.

CONVENIENCE-PRODUKTE

Convenience-Produkte sorgen, wie der Begriff schon sagt, für Bequemlichkeit. In unserem modernen Leben ist Zeit ein wertvolles Gut, und diese Produkte vereinfachen die Zubereitung von schnellen, abwechslungsreichen Gerichten. Achten Sie aber darauf, dass Sie qualitativ hochwertige Ware ohne Geschmacksverstärker kaufen.

Folgende Produkte können Sie guten Gewissens verwenden:

Dosentomaten
Dosentomaten werden aus frischen, reifen Tomaten hergestellt. Das Aroma dieser Tomaten ist intensiv und häufig besser als das von frischen Tomaten aus dem Supermarkt, vor allem außerhalb der Saison.

Hülsenfrüchte aus der Dose
Da getrocknete Kichererbsen, Bohnen und Linsen sehr lange eingeweicht und gegart werden müssen, bietet es sich an, Hülsenfrüchte aus der Dose zu verwenden. Die Dosenware ist geschmacklich einwandfrei.

Tiefkühlprodukte
Tiefgekühltes Gemüse wie Blattspinat, Blumenkohl, grüne Bohnen, Brokkoli und Erbsen ist eine gute Alternative zu frischem Gemüse, da es direkt nach der Ernte schonend verarbeitet und schockgefroren wird und dadurch seine wertvollen Inhaltsstoffe größtenteils behält. Es ist bereits gewaschen und geputzt und lässt sich somit schnell verarbeiten.

Teigwaren
Blätterteig und Pizzateig aus dem Supermarkt gibt es in guter Qualität zu kaufen. Da es zeitaufwendig ist, diese Produkte selbst herzustellen, bietet es sich an, auf fertige Teige zurückzugreifen.

EINMAL EINKAUFEN – EINE WOCHE LANG KOCHEN

Wird die empfohlene Vorratshaltung berücksichtigt, ist das Einkaufen in Zukunft ein leichtes Unterfangen! Am Wochenende überlegen Sie sich in Ruhe einen Speiseplan für die kommende Woche. Am Montag nach der Arbeit kaufen Sie schnell die zusätzlichen Produkte ein und schon sind Sie für die ganze Woche kulinarisch perfekt aufgestellt. Wichtig ist, dass in den ersten Tagen die leicht verderblichen Lebensmittel (Fisch, Fleisch und Blattsalate) verarbeitet werden. Doch auch dafür gibt es Alternativen: Es bietet sich an, Fisch als tiefgekühlte Ware zu kaufen, um diesen länger lagern zu können.

Passende Speisepläne mit Einkaufslisten für jeweils eine Woche:

Vorschlag 1
Montag
Caesarsalat mit Hähnchenbrust (Rezept Seite 46)
Dienstag
Pellkartoffeln mit Avocado-Schnittlauch-Quark (Rezept Seite 35) – die doppelte Menge Kartoffeln kochen
Mittwoch
Mediterrane Kartoffelpfanne (Rezept Seite 26) aus Pellkartoffeln (Vortag)
Donnerstag
Linguine mit Erbsenpesto (Rezept Seite 84) – restliches Erbsenpesto als Brotaufstrich für den nächsten Tag
Freitag
Kichererbseneintopf mit Spinat (Rezept Seite 71)

Einkaufsliste
50 g Mayonnaise
150 g Joghurt
150 ml Milch
2 Hähnchenbrustfilets (à 150 g)
4 Scheiben Weizentoast
1 Römersalat (200 g)
250 g Quark (20 % Fett)
1 reife Avocado
½ Bund Schnittlauch
200 g Kirschtomaten
1 Bund Rucola (40 g)
20 g Pinienkerne
20 g Crème fraîche
150 g geräucherte Mettwurst
½ Bund glatte Petersilie

Vorschlag 2
Montag
Steak mit Paprika-Kapern-Gemüse (Rezept Seite 102)
Dienstag
Tomatenbulgur mit Schafskäse (Rezept Seite 91) – Reste können am nächsten Tag kalt als Mittagssnack gegessen werden
Mittwoch
Überbackenes Seelachsfilet (Rezept Seite 123)
Donnerstag
Pasta Caponata (Rezept Seite 82) – Reste am nächsten Tag kalt essen
Freitag
Zucchinisuppe mit Thymiancroûtons (Rezept Seite 62)

Einkaufsliste
1 gelbe und 2 rote Paprikaschoten
20 g Kapern
2 Rumpsteaks vom Rind (à 200 g)
2 Zweige Rosmarin
500 g Kirschtomaten und 150 g Strauchtomaten
½ Bund glatte Petersilie
30 g schwarze Oliven
100 g Schafskäse
600 g Zucchini
170 g Crème fraîche
300 g Seelachsfilet (tiefgekühlt)
1 kleine Aubergine
150 g Staudensellerie
20 g Rosinen
20 g Mandelblättchen
4 Zweige Thymian
4 Scheiben Weizentoast

Vorschlag 3
Montag
Ziegenkäse-Panini mit Tomatenpesto (Rezept Seite 25) – doppelte Menge Tomatenpesto zubereiten (für Dienstag)
Dienstag
Rosmarindorade mit getrockneten Tomaten (Rezept Seite 119) – zubereitet mit Tomatenpesto vom Vortag
Mittwoch
Bohnencouscous (Rezept Seite 32)
Donnerstag
Frische Tomatensuppe (Rezept S. 61)
Freitag
Nudeln mit Avocado (Rezept Seite 75)

Einkaufsliste
80 g getrocknete Tomaten
40 g gehackte Mandeln
1 Bund Rucola (40 g)
4 kleine Ciabatta-Brötchen
150 g Ziegenfrischkäse
2 Doraden (à 400 g, evtl. tiefgekühlt)
2 Zweige Rosmarin
100 g Cabanossi
½ Chilischote
1 ½ kg reife Tomaten
50 ml Wermut oder Weißwein
1 Kugel Büffelmozzarella (125 g)
4 Stängel glatte Petersilie
1 reife Avocado (z. B. Sorte Hass)

Tipps für einen schnellen und sinnvollen Einkauf von Lebensmitteln:

- Nehmen Sie einen gut lesbaren, gut strukturierten **Einkaufszettel** mit.
- Gehen Sie **nicht mit leerem Magen einkaufen,** denn dann gelangen schnell ungesunde Dinge wie Süßigkeiten und Knabbereien in den Einkaufswagen.
- Kaufen Sie Fleisch entweder bei einem **Metzger Ihres Vertrauens** oder an der Frischetheke. Denn dort erhalten Sie Informationen über Herkunft und Haltung der Tiere.
- Wählen Sie wenn möglich **Fleisch und Eier in Bioqualität,** um vor allem Massentierhaltung nicht zu unterstützen.
- Wählen Sie **Fisch,** der mit dem **MSC-Siegel** (Marine Stewardship Council) gekennzeichnet ist, denn dieses Umweltsiegel steht für nachhaltige Fischerei.

Vorschlag 4
Montag
Gemüsehähnchen vom Blech (Rezept Seite 108)
Dienstag
Zucchini-Carbonara (Rezept Seite 80)
Mittwoch
Räucherlachs mit gebratenen Kartoffelwürfeln (Rezept Seite 117)
Donnerstag
Maissuppe mit Gremolata (Rezept Seite 34)
Freitag
Zucchinipuffer (Rezept Seite 36)

Einkaufsliste
300 g Fenchel mit Grün
6 Hähnchenunterkeulen (Drumsticks, à 120 g)
100 g durchwachsener Speck
450 g Zucchini
150 g Sahne
4 Stängel Dill
150 g Schmand
150 g Räucherlachs
1 Dose Mais (285 g Abtropfgewicht)
½ rote Chilischote
½ Bund glatte Petersilie
40 g Cheddar
100 g Ricotta
evtl. 250 g Tomaten für eine Salsa zu den Zucchinipuffern

- Bevorzugen Sie **saisonales Obst und Gemüse aus der Region** – am besten in Bioqualität.
- Bevorzugen Sie **Milchprodukte aus der Region** – am besten in Bioqualität.
- Kaufen Sie **kalt gepresste Öle,** diese schmecken besser und sind gesünder. Bei Olivenöl können Sie aus einem breiten Angebot im Supermarkt auswählen.

DIE KÜCHENAUSSTATTUNG

Achten Sie in Ihrer Küche darauf, dass sie sinnvoll eingerichtet und gut aufgeräumt ist, damit Sie sich schnell darin bewegen können.

Diese Küchenwerkzeuge und Arbeitsgeräte erleichtern die Arbeit:

2 Pfannen (beschichtet/gusseisern)
3 Töpfe (verschiedener Größe)
3 Messer (kleines Schälmesser, großes Küchenmesser, Brotmesser)
3 Schneidebretter (jeweils eins für Obst und Gemüse, Zwiebeln, Fleisch)
2–3 Schüsseln (verschiedener Größe)
1 Sparschäler
2 Kochlöffel
1 Schöpfkelle
1 Pfannenwender
1 Schneebesen
1 Kartoffelstampfer

1 Dosenöffner
1 Nudelholz
1 Vierkantreibe
1 Mörser
1 Küchenwaage und 1 Messbecher
1 Backpinsel
1 Rolle Backpapier
1 Sieb
1 Stabmixer und Handrührgerät (evtl. Blitzhacker)
1 Zitruspresse
1 Toaster
1 Wok

ORGANISIERTES KOCHEN

Kochen ist in erster Linie gute Organisation und richtiges Timing. Einige Tipps und Tricks sollen Ihnen helfen, die Gerichte schnell auf den Tisch zu zaubern:

- Lesen Sie sich das Rezept genau durch. Welche Zutaten und Küchenwerkzeuge werden benötigt?
- Stellen Sie die Zutaten und Küchenwerkzeuge bereit. Legen Sie unter das Schneidebrett ein feuchtes Tuch, dann verrutscht es beim Schneiden nicht auf der Arbeitsfläche.

- Halten Sie die Arbeitsschritte der Rezepte ein – zum Beispiel als Erstes Nudelwasser aufsetzen oder Spinat auftauen.
- Stellen Sie benutzte Werkzeuge oder Geschirr sofort in die Spülmaschine oder in das Spülbecken, dann haben Sie mehr Platz und behalten den Überblick.
- Rühren Sie nicht zu oft in den Töpfen herum, denn dies lässt die Temperatur sinken, und die Garzeit kann sich verlängern.
- Haben Sie Mut zur Hitze! Lassen Sie die Pfanne für gebratenes Fleisch und Fisch zuerst richtig heiß werden, dann geben Sie das Öl in die Pfanne, legen das Stück Fleisch oder Fisch hinein und reduzieren erst jetzt die Temperatur.

MITTAGSSNACKS IM BERUFSALLTAG

Ein reichhaltiges Frühstück und eine kleine Zwischenmahlzeit ca. 1 ½ Stunden vor dem Mittagessen versorgen den Körper kontinuierlich mit Energie und verhindern einen starken Energieabfall und Heißhunger in der Mittagszeit. Essen Sie mittags kleinere, nicht zu fetthaltige Mahlzeiten, denn diese kann der Körper schneller verarbeiten. Wer sich trotzdem müde fühlt, trinkt nach dem Mittagessen einen Kaffee oder einen schwarzen oder grünen Tee.

Snacks für zwischendurch oder für die Mittagszeit:

Obst
z. B. Bananen, Äpfel, Birnen

Rohkost
Z. B. Möhren, Kohlrabi, Paprikaschoten, Gurke oder Staudensellerie morgens in Stifte schneiden und ins Büro mitnehmen. In Olivenöl dippen, mit Meersalz bestreuen.

Studentenfutter
Ist eine gesunde Alternative zu Süßigkeiten.

Joghurt mit Müsli
Naturjoghurt ohne Zusatzstoffe und mit normalem Fettgehalt, Früchte- oder Nussmüsli ohne Zucker

Belegte Brötchen und Brotaufstriche
Ziegenkäse-Panini (Rezept Seite 25), Gorgonzola-Birnen-Brötchen (Rezept Seite 24) oder Brotaufstriche (Rezepte Seite 31)

Am Vorabend doppelte Portion kochen
Einige Gerichte (z. B. Scharfer Glasnudelsalat mit Roastbeef von Seite 57, Maissuppe mit Gremolata von Seite 34) können Sie gleich doppelt kochen und am nächsten Tag kalt als Salat mit zur Arbeit nehmen oder dort in einer Mikrowelle erwärmen.

Schnelle Salate
Geröstete Kerne (Sonnenblumenkerne oder Kernemix) und Salatdressing (Vinaigrette von Seite 50) auf Vorrat mit zur Arbeit nehmen. Nun müssen Sie sich nur noch eine Salatmischung kaufen und können sich in der Mittagszeit einen schnellen, frischen Salat zaubern. Zusätzlich können Sie den Salat mit Schafskäse, Tomaten, Gurke, Paprikaschoten oder Mais aufpeppen.

BROTZEIT DE LUXE & BLITZGERICHTE

ENGLISCHER SANDWICH

Zutaten für 2 Personen

200 g Tomaten
1 kleine Zwiebel
4 Stängel glatte Petersilie
1 Dose kleine weiße Bohnen (250 g Abtropfgewicht)
1–2 EL Rotweinessig
4 EL Olivenöl
Salz
Pfeffer, frisch gemahlen
1 Prise Zucker
6 Scheiben Frühstücksspeck (Bacon)
4 Scheiben Toastbrot
4 Eier

Zubereitungszeit: 20 Minuten

1. Tomaten waschen, Stielansätze entfernen, die Früchte vierteln, entkernen und das Fruchtfleisch würfeln. Zwiebel abziehen und fein würfeln. Petersilie waschen, trockenschütteln, die Blätter von den Stängeln zupfen und fein hacken. Bohnen in ein Sieb geben und mit kaltem Wasser abspülen.

2. Tomaten, Zwiebel, Petersilie und Bohnen mit Essig und 3 Esslöffel Öl mischen. Mit Salz, Pfeffer und Zucker würzen.

3. Eine Pfanne erhitzen und die Speckscheiben darin auf jeder Seite knusprig braten. Herausnehmen und auf Küchenpapier abtropfen lassen. Gleichzeitig die Toastscheiben in einem Toaster goldbraun toasten.

4. Das restliche Öl in der Pfanne im Bratfett erhitzen. Eier aufschlagen, in die Pfanne geben und braten. Die Spiegeleier mit Salz und Pfeffer würzen.

5. Toastscheiben mit dem Bohnen-Tomaten-Salat, Speckscheiben und Spiegeleiern belegen und sofort servieren.

Das Bild zum Rezept steht auf Seite 16.

ALTERNATIVE **Bohnen-Tomaten-Salat mit 1 Dose Thunfisch vermengen und ohne Speck und Spiegelei servieren.**

NOCH SCHNELLER **Statt Salat 1 Dose Baked Beans nehmen. Bohnen erwärmen und mit gehackter Petersilie und einem Spritzer Essig verfeinern.**

LEBERCROSTINI

Zutaten für 2 Personen

2 Zwiebeln
1 säuerlicher Apfel
250 g Geflügelleber
8 Salbeiblätter
3 EL neutrales Öl
½ TL Zucker
1 EL Butter
2 Scheiben Bauernbrot
Salz
Pfeffer, frisch gemahlen

Zubereitungszeit:
20 Minuten

1. Zwiebeln abziehen und in feine Ringe schneiden. Apfel waschen, vierteln, entkernen und das Fruchtfleisch in ½ Zentimeter dicke Spalten schneiden. Leber putzen, waschen und trockentupfen. Salbei waschen und trockenschütteln.

2. In einer Pfanne 2 Esslöffel Öl erhitzen, die Zwiebelringe darin bei mittlerer Hitze 8 Minuten goldbraun braten und wieder herausnehmen. Apfelspalten in die heiße Pfanne geben, mit Zucker bestreuen, auf jeder Seite 1 bis 2 Minuten braten und herausnehmen.

3. Das restliche Öl in der Pfanne im Bratfett erhitzen und die Leber darin bei mittlerer bis starker Hitze rundherum 4 bis 5 Minuten braten. Nach 2 Minuten Butter und Salbeiblätter zugeben.

4. In der Zwischenzeit die Brotscheiben in einem Toaster knusprig toasten.

5. Die Leber in der Pfanne mit Salz und Pfeffer würzen. Zwiebeln und Apfel zugeben und kurz erwärmen. Den Pfanneninhalt auf die gerösteten Brotscheiben geben. Sofort servieren.

ALTERNATIVE **Anstelle der Leber 4 dünne, plattierte Kalbsschnitzel (à 70 Gramm) braten. Statt Salbei 1 Esslöffel frische Majoranblättchen verwenden.**

EXOTISCHER BURGER

Zutaten für 2 Personen

3 TL Olivenöl
250 g Rinderhack
2 EL Semmelbrösel
1 Ei
Salz
Pfeffer, frisch gemahlen
½ kleiner Radicchio
½ reife Mango
3 Frühlingszwiebeln
3 EL Mayonnaise
1 ½ EL Tomatenketchup
2 Toastbrötchen
(z. B. Toasties)

Zubereitungszeit:
20 Minuten

1. Einen Teller mit 1 Esslöffel Öl einreiben. Hackfleisch mit Semmelbröseln und Ei zu einer glatten Masse verkneten. Mit Salz und Pfeffer würzen und mit angefeuchteten Händen zu 2 flachen Frikadellen formen. Frikadellen auf den geölten Teller legen, mit je 1 Teelöffel Öl einreiben und 7 Minuten in das Gefrierfach stellen.

2. In der Zwischenzeit Radicchio putzen, den Strunk herausschneiden, Blätter waschen und trockenschleudern. Mango schälen und das Fruchtfleisch in Scheiben vom Stein schneiden. Frühlingszwiebeln waschen und putzen. Das Weiße und Hellgrüne schräg in feine Ringe schneiden. Mayonnaise mit Ketchup verrühren. Mit Salz und Pfeffer würzen.

3. Eine Grillpfanne (ersatzweise eine normale Pfanne) erhitzen. Die Frikadellen darin auf jeder Seite 3 bis 4 Minuten grillen.

4. Gleichzeitig die Toastbrötchen waagerecht in ihre zwei Hälften teilen und in einem Toaster knusprig toasten. Die Toastbrötchenhälften mit der Mayo-Ketchup-Mischung bestreichen. Die Brötchenböden mit Radicchio, Mango, Frikadelle und Frühlingszwiebeln belegen und die Deckel daraufsetzen.

ALTERNATIVE **Den Burger klassisch mit einigen Blättern Kopfsalat, Tomatenscheiben, Gewürzgurken und Zwiebelringen zubereiten. Für etwas Schärfe Toastbrötchen mit mittelscharfem Senf bestreichen. Für einen Cheeseburger Frikadellen nach dem Wenden mit je 1 Scheibe Cheddarkäse belegen.**

HOLZFÄLLERSANDWICH

Zutaten für 2 Personen

150 g weiße Champignons
2 Zwiebeln
3 Stängel Majoran
2 Schweinenackensteaks (à 150 g)
2 frische Roggenbrötchen
4 TL grober Senf
3 EL neutrales Öl
Salz
Pfeffer, frisch gemahlen
½ EL Butter

Zubereitungszeit: 20 Minuten

1. Champignons putzen und in Scheiben schneiden. Zwiebeln abziehen und in feine Ringe schneiden. Majoran waschen, trockenschütteln und die Blättchen von den Stängeln zupfen. Schweinenackensteaks waschen und trockentupfen.

2. Roggenbrötchen waagerecht halbieren. Jede Brötchenhälfte mit je 1 Teelöffel Senf bestreichen.

3. In einer Pfanne 1 Esslöffel Öl erhitzen und die Pilze darin goldbraun braten. Mit Salz und Pfeffer würzen und herausnehmen. Erneut 1 Esslöffel Öl in der Pfanne erhitzen, die Zwiebeln darin bei mittlerer Hitze 5 Minuten braten und herausnehmen. Zwiebeln mit Pilzen und Majoran mischen.

4. Das restliche Öl und die Butter in der Pfanne erhitzen. Steaks rundherum mit Salz und Pfeffer würzen und in der heißen Pfanne auf jeder Seite 4 Minuten braten.

5. Je 1 gebratenes Steak auf eine Brötchenhälfte legen und die Pilz-Zwiebel-Mischung darauf verteilen. Mit den übrigen Brötchenhälften bedecken und sofort servieren.

ALTERNATIVE **Statt Steaks Reste vom Sonntagsbraten verwenden. Dafür Bratenreste in Scheiben schneiden und in der übrigen Sauce erwärmen. Nach Belieben Champignons und Zwiebeln braten und mit den Bratenscheiben zwischen die Brötchenhälften legen.**

GORGONZOLA-BIRNEN-BRÖTCHEN

1. Chicorée putzen, den Strunk herausschneiden, Blätter vorsichtig ablösen, waschen und trockentupfen. Chicoréeblätter schräg halbieren. Birne waschen, vierteln und entkernen. Birnenviertel längs in feine Scheiben schneiden.

2. Zitronensaft mit Olivenöl, Salz, Pfeffer und Zucker verrühren. Chicorée und Birne mit der Zitronensauce mischen.

3. Walnüsse grob hacken. Weizenbrötchen waagerecht halbieren. Brötchenhälften mit Gorgonzola bestreichen.

4. Die unteren Brötchenhälften mit dem Chicorée-Birnen-Salat belegen und mit Walnüssen bestreuen. Die oberen Brötchenhälften darauflegen.

Zutaten für 2 Personen

1 Chicorée
1 reife Birne
1 EL Zitronensaft, frisch gepresst
2 EL Olivenöl
Salz
Pfeffer, frisch gemahlen
½ TL Zucker
2 EL Walnusskerne
4 knusprige Weizenbrötchen
100 g cremiger Gorgonzola

Zubereitungszeit:
20 Minuten

ALTERNATIVE **Statt des Gorgonzolas weichen Camembert oder Ziegenfrischkäse verwenden.**

ZUSÄTZLICH **Die Brötchen zusätzlich mit dünn geschnittenem Serranoschinken oder Bündner Fleisch belegen.**

ZIEGENKÄSE-PANINI MIT TOMATENPESTO

1. Für den Tomatenpesto etwas Wasser zum Kochen bringen. Getrocknete Tomaten zugeben, 8 Minuten kochen, abgießen, mit kaltem Wasser abspülen und trockentupfen. Mandeln in einer beschichteten Pfanne ohne Fett goldbraun rösten. Parmesan reiben. Knoblauch abziehen und hacken.

2. Tomaten, Mandeln, Parmesan, Knoblauch, Tomatenmark und 2 Esslöffel Olivenöl in einen Blitzhacker geben und zerkleinern (alternativ mit einem Stabmixer pürieren). Restliches Olivenöl unterrühren. Den Tomatenpesto mit Pfeffer würzen.

3. Rucola putzen, waschen, trockenschleudern und grob schneiden. Ciabatta-Brötchen waagerecht halbieren. Brötchenhälften mit Ziegenkäse bestreichen. Die unteren Brötchenhälften mit je 2 Esslöffel Tomatenpesto bestreichen und mit Rucola belegen. Die oberen Brötchenhälften darauflegen.

Zutaten für 2 Personen

40 g getrocknete Tomaten
1 EL gehackte Mandeln
(oder Sonnenblumenkerne)
40 g Parmesan
1 kleine Knoblauchzehe
3 TL Tomatenmark
80–100 ml Olivenöl
Pfeffer, frisch gemahlen
1 Bund Rucola (40 g)
4 kleine Ciabatta-Brötchen
150 g Ziegenfrischkäse

Zubereitungszeit:
25 Minuten

ZUSATZREZEPTE **Mit dem Tomatenpesto ein schnelles Nudelgericht zubereiten, die Doraden von Seite 119 damit füllen oder Garnelen braten und den Pesto dazu reichen.**

AUF VORRAT **Die doppelte Menge des Tomatenpestos zubereiten, in ein sauberes Glas füllen, bis zum Rand mit Olivenöl auffüllen und verschließen. So ist der Pesto im Kühlschrank mindestens 2 Wochen haltbar.**

NOCH SCHNELLER **Die Ziegenkäse-Panini mit fertigem Tomatenpesto (Glas) aus dem Supermarkt zubereiten.**

MEDITERRANE KARTOFFELPFANNE

1. Kartoffeln pellen und in ½ Zentimeter dicke Scheiben schneiden. Zwiebel und Knoblauch abziehen. Zwiebel halbieren und in feine Streifen schneiden. Knoblauch hacken. Tomaten waschen und halbieren. Rucola putzen, waschen und trockenschleudern.

2. Öl in einer großen Pfanne erhitzen und die Kartoffelscheiben darin bei mittlerer bis starker Hitze rundherum goldbraun braten. Mit Salz und Pfeffer würzen. Zwiebel und Knoblauch zugeben und 3 bis 4 Minuten mitbraten.

3. Kapern und Tomaten untermischen und 2 Minuten mitbraten. Kartoffelpfanne mit Salz, Pfeffer, Zucker und Essig würzen. Rucola kurz vor dem Servieren untermischen.

Zutaten für 2 Personen

500 g gekochte Pellkartoffeln (vom Vortag)
1 Zwiebel
1 Knoblauchzehe
200 g Kirschtomaten
1 Bund Rucola (40 g)
4 EL Olivenöl
Salz
Pfeffer, frisch gemahlen
2 EL Kapern
1 Prise Zucker
1–2 EL Rotweinessig

Zubereitungszeit:
20 Minuten

ALTERNATIVE Schmeckt auch lauwarm oder kalt als Salat. Wer mag, verfeinert die Kartoffelpfanne mit gebratenen Garnelen – ideal für Gäste.

TIPP Frisch gekochte Pellkartoffeln mit kaltem Wasser abspülen, dann lassen sie sich besser pellen.

FORELLENBROT MIT MEERRETTICH

1. Dill waschen, trockenschütteln, Dillspitzen von den groben Stängeln abzupfen und grob hacken. Schmand mit Meerrettich und der Hälfte des Dills verrühren. Mit Salz, Pfeffer und Zitronensaft würzen.

2. Salatblätter waschen und trockentupfen. Apfel waschen, vierteln, entkernen und das Fruchtfleisch in dünne Scheiben schneiden. Das Forellenfilet grob zupfen.

3. Vollkornbrotscheiben dünn mit Butter bestreichen und mit Salatblättern belegen. Meerrettichschmand darauf verteilen und mit Apfelscheiben und dem grob gezupften Forellenfilet belegen. Mit dem restlichen Dill bestreuen und servieren.

Zutaten für 2 Personen

2 Stängel Dill
150 g Schmand
3 TL Tafelmeerrettich (Glas)
Salz
Pfeffer, frisch gemahlen
1–2 TL Zitronensaft, frisch gepresst
4 Blätter grüner Salat (z. B. Kopfsalat oder heller Eichblattsalat)
1 säuerlicher Apfel
100 g geräuchertes Forellenfilet
4 Scheiben dunkles Vollkornbrot
2 TL weiche Butter

Zubereitungszeit:
15 Minuten

ALTERNATIVE **Meerrettichschmand mit 2 Teelöffel Wildpreiselbeeren vermengen.**

ZUSATZREZEPT **Für einen schnellen Dip zu gesalzenen Crackern oder Pumpernickeltalern 70 Gramm geräuchertes, fein gezupftes Forellenfilet unter den Meerrettichschmand mengen.**

WURSTBRÖTCHEN MAL ANDERS

1. Den Backofen auf 210 °C (Umluft 190 °C, Gas Stufe 4) vorheizen. Ein Backblech mit Backpapier auslegen.

2. Blätterteigplatten nebeneinander auf eine Arbeitsfläche legen und 5 bis 7 Minuten auftauen lassen. Eigelb mit 1 Esslöffel Wasser verrühren.

3. Die Arbeitsfläche leicht mit Mehl bestäuben und den Blätterteig darauf so ausrollen, dass er etwas breiter wird. Die Teigplatten auf das mit Backpapier belegte Backblech legen.

4. Die Mitte der Teigplatten mit je 1 Teelöffel Senf bestreichen. Würste aus der Pelle lösen und auf die Teigplatten legen. Teigränder mit etwas Ei-Wasser-Mischung einpinseln. Teig über die Wurst klappen und andrücken. Wurstpäckchen so umdrehen, dass die Naht nach unten zeigt.

5. Den Teig mit der restlichen Ei-Wasser-Mischung einpinseln und mit Kümmel und Meersalz bestreuen. Wurstbrötchen im unteren Drittel des heißen Backofens in 20 bis 25 Minuten goldbraun backen.

Zutaten für 2 Personen

2 Platten tiefgekühlter Blätterteig (à 60 g)
1 Eigelb
Mehl für die Arbeitsfläche
2 TL mittelscharfer Senf
2 grobe ungebrühte Bratwürste
1 TL Kümmelsaat
½ TL grobes Meersalz

Zubereitungszeit:
15 Minuten (plus Backzeit)

ZUSÄTZLICH **Dazu passt der Kopfsalat mit Schnittlauchdressing aus dem Rezept Fisch-Piccata (Seite 124) sehr gut. Oder der Gurken-Tomaten-Salat mit Zitronendressing aus dem Rezept Petersilienschnitzel (Seite 113).**

TIPP **Auch gut am nächsten Tag als Mittagssnack: entweder kalt essen oder kurz im Backofen bei 180 °C (Umluft 160 °C, Gas Stufe 2–3) aufwärmen.**

BROTAUFSTRICHE

AVOCADOCREME Zubereitungszeit: 10 Minuten

1 Tomate (70 g) waschen, den Stielansatz entfernen, vierteln, entkernen und das Fruchtfleisch fein würfeln. **1 reife Avocado** (z. B. Sorte Hass) halbieren, den Stein herauslösen und das Fruchtfleisch mit einer Gabel fein zerdrücken. Avocado mit **2 EL Schmand** verrühren. Tomate untermischen. Die Creme mit **1 EL frisch gepresstem Zitronensaft, Salz** und **Pfeffer** würzen.

SCHAFSKÄSE-PETERSILIEN-CREME Zubereitungszeit: 10 Minuten

2 Stängel glatte Petersilie waschen, trockenschütteln, die Blätter abzupfen und hacken. **100 g cremigen Schafskäse** mit **2–3 EL griechischem Sahnejoghurt** (10 % Fett) und **1 EL frisch gepresstem Zitronensaft** verrühren. Petersilie untermischen. Schafskäsecreme in eine Schüssel füllen, mit **2 EL Olivenöl** beträufeln und mit **½ TL Chiliflocken** bestreuen.

BOHNEN-THYMIAN-CREME Zubereitungszeit: 20 Minuten

1 kleine Knoblauchzehe abziehen und hacken. **1 Dose weiße Bohnen** (250 g Abtropfgewicht) in ein Sieb geben und mit kaltem Wasser abspülen. **4 Zweige Thymian** waschen, trockenschütteln und die Blättchen von den Stängeln zupfen. **2 EL Olivenöl** in einem Topf erhitzen. Knoblauch darin 1 Minute dünsten. Bohnen und die Hälfte des Thymians zugeben und 5 Minuten mitdünsten. Bohnen in ein hohes Gefäß geben und mit einem Stabmixer pürieren. Den restlichen Thymian, **2 EL Olivenöl** und **2 EL griechischen Sahnejoghurt** (10 % Fett) untermischen. Bohnencreme mit **1–2 EL frisch gepresstem Zitronensaft, Salz** und **Pfeffer** würzen.

PAPRIKA-TOMATEN-AUFSTRICH Zubereitungszeit: 15 Minuten

1 kleine Zwiebel und **1 kleine Knoblauchzehe** abziehen und sehr fein würfeln. **150 g Tomaten** waschen und den Stielansatz entfernen. **150 g rote Paprikaschote** waschen, putzen, vierteln und entkernen. Tomaten und Paprika in feine Würfel schneiden. **3 Stängel Dill** waschen, trockenschütteln, die Dillspitzen abzupfen und hacken. Zwiebel, Knoblauch, Tomaten, Paprika und Dill mit **2 EL Tomatenmark** und **1 EL Olivenöl** mischen. Paprika-Tomaten-Aufstrich mit **Salz** und **½ TL Chiliflocken** würzen.

TIPP **Als Alternative zum klassischen Abendbrot und als Vorspeise für Gäste. Knuspriges Fladenbrot dazu reichen. Bis auf die Avocadocreme halten die Aufstriche im Kühlschrank ca. 2 Tage.**

Die Gerichte sind im Uhrzeigersinn abgebildet.

BOHNENCOUSCOUS

Zutaten für 2 Personen

300 ml Gemüsebrühe
150 g Instant-Couscous
100 g Cabanossi (feste Paprikawurst)
1 Zwiebel
1 Knoblauchzehe
2 EL Olivenöl
1 EL Tomatenmark
180 g tiefgekühlte grüne Bohnen
Salz
Pfeffer, frisch gemahlen

Zubereitungszeit: 20 Minuten

1. Brühe aufkochen. Couscous einrühren und zugedeckt bei schwacher Hitze 10 Minuten quellen lassen.

2. In der Zwischenzeit die Cabanossi in ½ Zentimeter dicke Scheiben schneiden. Zwiebel und Knoblauch abziehen. Zwiebel halbieren und in Streifen schneiden. Knoblauch fein hacken.

3. Öl in einer Pfanne erhitzen und Wurstscheiben, Zwiebel und Knoblauch darin bei mittlerer Hitze 5 Minuten braten. Tomatenmark einrühren und kurz mitrösten. 150 Milliliter Wasser zugießen und aufkochen. Bohnen untermischen und zugedeckt 4 Minuten garen.

4. Couscous in der Pfanne mit der Bohnen-Cabanossi-Mischung vermengen. Mit Salz und Pfeffer würzen.

ZUSATZREZEPT **Schnellen Paprikaschmand dazu reichen: 150 Gramm Schmand mit 1 Esslöffel Zitronensaft verrühren. Die Creme mit 1 Prise Salz und ½ Teelöffel rosenscharfem Paprikapulver würzen.**

MAISSUPPE MIT GREMOLATA

1. Zwiebel abziehen und fein würfeln. Mais über einem Sieb abgießen. Gemüsebrühe erhitzen.

2. Butter in einem Topf zerlassen und die Zwiebel darin 2 Minuten dünsten. Mehl zugeben und unter Rühren kurz mitdünsten. Mais, Gemüsebrühe und Sahne zugeben und aufkochen. Zugedeckt bei mittlerer Hitze 10 Minuten kochen, dabei immer mal wieder umrühren.

3. In der Zwischenzeit für die Gremolata die Petersilie waschen, trockenschütteln, die Blätter von den Stängeln zupfen und hacken. Knoblauch abziehen und mit der Chilischote fein hacken. Zitrone waschen und 1 Teelöffel Schale fein abreiben. Petersilie mit Knoblauch, Chili und Zitronenschale mischen und beiseitestellen. Zitrone halbieren und 1 Esslöffel Saft auspressen. Käse raspeln.

4. Die Suppe mit einem Stabmixer fein pürieren und mit Salz und Zitronensaft abschmecken. Maissuppe mit Gremolata und Käse bestreuen.

Zutaten für 2 Personen

1 Zwiebel
1 Dose Mais
(285 g Abtropfgewicht)
500 ml Gemüsebrühe
½ EL Butter
2 TL Mehl
100 g Schlagsahne
½ Bund glatte Petersilie
½ Knoblauchzehe
½ rote Chilischote
1 Biozitrone
40 g Cheddar (ersatzweise mittelalter Gouda)
Salz

Zubereitungszeit:
20 Minuten

Das Bild zum Rezept steht auf Seite 17.

ZUSÄTZLICH **Knusprig gebratene Chorizo (spanische Paprikawurst) als Einlage: Hierfür 4 Scheiben hauchdünn geschnittene Chorizo in einer Pfanne ohne Fett ca. 5 Minuten knusprig braten, auf Küchenpapier abtropfen lassen und auf der Suppe anrichten.**

PELLKARTOFFELN

Kartoffeln waschen. Ungeschält mit Kümmel und Salz in einem Topf mit lauwarmem Wasser bedecken. Aufkochen und zugedeckt 15 bis 20 Minuten garen. Während die Kartoffeln kochen, eine der untenstehenden Beilagen zubereiten.

TIPP **Kochen Sie gleich die doppelte Menge Kartoffeln. Am nächsten Tag können Sie daraus z. B. die Mediterrane Kartoffelpfanne (Seite 26) zubereiten.**

Zutaten für 2 Personen

600 g kleine festkochende Kartoffeln
2 TL Kümmelsaat
3 TL Salz

Zubereitungszeit:
20 Minuten

MIT TOMATENSALAT UND ÖLSARDINEN

500 g Tomaten waschen, putzen und grob würfeln. **½ Bund Schnittlauch** waschen, trockenschütteln und in Röllchen schneiden. Tomaten mit **1–2 EL Rotweinessig** und **4 EL Rapsöl** mischen. Mit **Salz, Pfeffer** und **Zucker** würzen. Schnittlauch untermischen. Das Öl von **1 Dose Ölsardinen (125 g)** abgießen und die Fische dazu reichen.

MIT AVOCADO-SCHNITTLAUCH-QUARK

250 g Quark (20 % Fett) mit **3 EL Milch** cremig rühren. Mit **1 EL Zitronensaft, Salz, Pfeffer** und **1 Prise Zucker** würzen. **½ Bund Schnittlauch** waschen, trockenschütteln und in Röllchen schneiden. **1 reife Avocado** halbieren und das Fruchtfleisch fein würfeln. Schnittlauch und Avocado unter den Quark mischen. Quark mit **1 EL Olivenöl** beträufeln.

MIT GURKEN-PAPRIKA-SALSA

180 g Salatgurke waschen, schälen, längs vierteln und entkernen. **1 rote Paprikaschote** waschen, vierteln und entkernen. **1 kleine Zwiebel** abziehen. Gurke, Paprika, Zwiebel und **80 g Schafskäse** fein würfeln und mischen. **3 Stängel glatte Petersilie** waschen, trockenschütteln, Blätter abzupfen, hacken und untermischen. Mit **Salz, Pfeffer, 1 Prise Zucker, 2 TL Zitronensaft** und **2 EL Olivenöl** mischen.

MIT SPECKSCHMAND

80 g durchwachsenen Speck fein würfeln. **3 Frühlingszwiebeln** waschen, putzen und in Ringe schneiden. **1 EL Öl** erhitzen und den Speck darin 5 Minuten knusprig braten. Frühlingszwiebeln kurz mitbraten. **200 g Schmand** mit **1 EL Zitronensaft** verrühren und mit **1 Prise Salz** und **Pfeffer** würzen. Speck-Zwiebel-Mischung unter den Schmand mischen.

ZUCCHINIPUFFER

1. Den Backofen auf 100 °C (Umluft nicht empfehlenswert, Gas Stufe 1) vorheizen.

2. Zucchini waschen, putzen und grob raspeln. Zucchini in einer Schüssel mit Ei, Ricotta und Mehl mischen. Zucchinimasse mit Salz und Pfeffer würzen.

3. In einer großen, beschichteten Pfanne 2 Esslöffel Öl erhitzen. Die Zucchinimasse mit einem Esslöffel in 5 kleinen Portionen in das heiße Öl geben, leicht flach drücken und bei mittlerer Hitze auf jeder Seite 3 Minuten goldbraun braten. Die fertigen Puffer auf einen Teller geben und im heißen Backofen warm halten. Erneut 2 Esslöffel Öl in der Pfanne erhitzen und 5 weitere Zucchinipuffer braten.

Zutaten für 2 Personen

200 g Zucchini
1 Ei
100 g Ricotta (ersatzweise Magerquark)
3 EL Mehl
Salz
Pfeffer, frisch gemahlen
4 EL Olivenöl

Zubereitungszeit:
20 Minuten

ZUSATZREZEPT

Dazu passt eine schnelle, frische Tomatensalsa: Dafür 250 Gramm Tomaten entkernen und fein würfeln. Tomaten mit 1 fein geschnittenen Schalotte, 1 Esslöffel gehackter glatter Petersilie, 1 Esslöffel Rotweinessig und 3 Esslöffel Rapsöl mischen. Mit Salz, Pfeffer und 1 Prise Zucker würzen.

CAPPELLINI AGLIO OLIO

1. Reichlich Salzwasser für die Cappellini aufsetzen.

2. Die Tomaten etwas abtropfen lassen und fein würfeln. Knoblauch abziehen und mit der Chilischote fein hacken. Petersilie waschen, trockenschütteln, die Blätter von den Stängeln zupfen und hacken.

3. Die Nudeln in das kochende Salzwasser geben und nach Packungsanweisung garen. Gleichzeitig das Öl in einer Pfanne erhitzen und Tomaten, Knoblauch und Chili darin bei mittlerer Hitze 2 Minuten braten.

4. Nudeln abgießen und tropfnass in der Pfanne mit der Tomaten-Öl-Mischung und der Petersilie vermengen. Das Gericht mit Salz würzen. Nach Belieben mit fein geriebenem Parmesan bestreuen und servieren.

Zutaten für 2 Personen

Salz
4 getrocknete Tomaten (in Öl eingelegt)
1 Knoblauchzehe
½–1 getrocknete Chilischote (Peperoncini)
½ Bund glatte Petersilie
200 g Cappellini
4 EL Olivenöl
Parmesan nach Belieben

Zubereitungszeit:
15 Minuten

TIPP **Wichtig ist frischer Knoblauch. Am besten sind junge, angenehm duftende Zehen mit einem besonders milden Aroma. Knoblauch grundsätzlich nur bei mittlerer Hitze braten, denn wird er zu heiß, bekommt er einen bitteren Geschmack.**

NOCH SCHNELLER **Getrocknete Tomaten weglassen und die Nudeln mit gehackter Petersilie und 4 Esslöffel Knoblauch-Chili-Öl (siehe Zusatzrezept hier unten) mischen.**

ZUSATZREZEPT **Knoblauch-Chili-Öl auf Vorrat zubereiten: Dafür 150 Milliliter Olivenöl mit 1 gehackten Knoblauchzehe und 1 eingeritzten, getrockneten Chilischote mischen und in eine saubere Flasche mit Schraubverschluss füllen. Dunkel und kühl gelagert hält sich das Öl ca. 4 Wochen.**

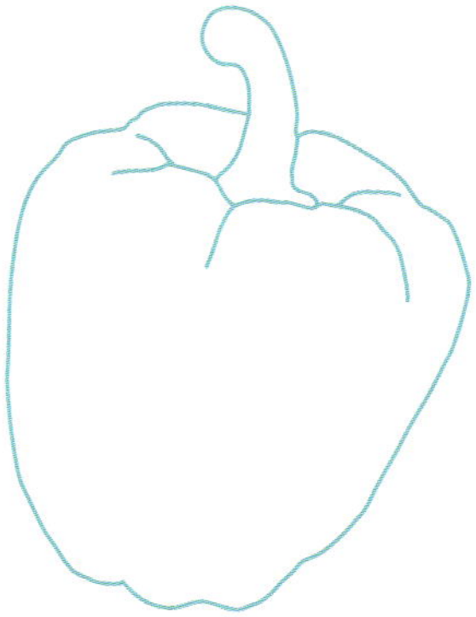

KOKOSGARNELEN

Zutaten für 2 Personen

20 g frischer Ingwer
1 Knoblauchzehe
2 gelbe oder rote Paprikaschoten
3 EL neutrales Öl
10 Garnelen (à 25 g, geschält, küchenfertig)
Salz
2 Stängel Basilikum
200 ml ungesüßte Kokosmilch
150 ml Gemüsebrühe
½ TL Sambal oelek
1–2 EL Limettensaft, frisch gepresst

Zubereitungszeit: 20 Minuten

1. Ingwer schälen und fein hacken. Knoblauch abziehen und ebenfalls fein hacken. Paprikaschoten waschen, putzen, vierteln, entkernen und das Fruchtfleisch in 1 Zentimeter große Stücke schneiden.

2. In einer Pfanne 2 Esslöffel Öl erhitzen und die Garnelen darin bei starker Hitze rundherum 2 bis 3 Minuten anbraten. Garnelen salzen und herausnehmen. 1 Esslöffel Öl in die Pfanne geben und Ingwer, Knoblauch und Paprika darin bei mittlerer Hitze 5 Minuten braten.

3. Basilikum waschen, trockenschütteln, die Blätter von den Stängeln streifen und grob zupfen.

4. Kokosmilch und Brühe zum Gemüse gießen und aufkochen. Garnelen zugeben und kurz in der Sauce erwärmen. Mit Salz, Sambal oelek und Limettensaft abschmecken.

5. Kokosgarnelen mit Basilikum bestreuen und servieren.

ZUSATZREZEPT

Dazu passt Basmatireis mit gerösteten Cashewkernen: 120 Gramm Basmatireis nach Packungsanweisung garen und abtropfen lassen. In der Zwischenzeit 1 fein gewürfelte Zwiebel in 1 Esslöffel Butter glasig dünsten. 2 Esslöffel gesalzene, geröstete Cashewkerne grob hacken und kurz mitdünsten. Zwiebel-Cashew-Mischung unter den abgetropften Reis mischen.

EIER MIT KERBELSAUCE

1. Für die Eier Wasser in einem Topf zum Kochen bringen.

2. Für die Sauce den Kerbel waschen, trockenschütteln, die Blättchen von den Stängeln zupfen und grob hacken. Kerbel mit Schmand und Milch in ein hohes Gefäß geben und mit einem Stabmixer fein pürieren. Sauce mit Salz, Pfeffer, Zucker und Zitronensaft würzen.

3. Eier an der runden Seite anpicken und im kochenden Wasser 6 bis 7 Minuten wachsweich kochen. Eier abgießen, mit kaltem Wasser abschrecken und vorsichtig pellen.

4. Eier mit der Kerbelsauce servieren.

Zutaten für 2 Personen

2 Bund Kerbel
200 g Schmand
4 EL Milch
Salz
Pfeffer, frisch gemahlen
1 Prise Zucker
2–3 TL Zitronensaft, frisch gepresst
4 Eier

Zubereitungszeit:
20 Minuten

ZUSÄTZLICH **Dazu passen am besten Salzkartoffeln.**

TIPP **Für eine pikante Note die Kerbelsauce mit 1 Teelöffel Tafelmeerrettich oder 1 Teelöffel grobem Senf verfeinern.**

ALTERNATIVE **Statt nur Kerbel eine Kräutermischung aus 1 Bund Kerbel, 1 Bund glatter Petersilie und ½ Bund Schnittlauch verwenden. Dafür Kerbel und Petersilie von den Stängeln zupfen und mitpürieren. Schnittlauch in feine Röllchen schneiden und unterrühren.**

OMELETTE MIT KÄSE

1. Schnittlauch waschen, trockenschütteln und in Röllchen schneiden. Käse raspeln.

2. Für das Grundrezept Eier mit Sahne verquirlen. Mit Salz, Pfeffer und Muskat würzen.

3. Für dieses Omelette den Schnittlauch unterrühren.

4. Öl und Butter in einer beschichteten Pfanne erhitzen. Die Eimischung in die heiße Pfanne gießen und bei mittlerer Hitze 2 Minuten stocken lassen. Den Käse als Füllung darübergeben.

5. Das Omelette mit einem Holzspatel zusammenklappen und zugedeckt 3 bis 5 Minuten garen, bis das Ei gestockt ist.

Grundrezept
Zutaten für 2 Personen

½ Bund Schnittlauch
50 g Bergkäse
5 Eier
4 EL Schlagsahne
Salz
Pfeffer, frisch gemahlen
Muskatnuss, frisch gerieben
1 EL neutrales Öl
½ EL Butter

Zubereitungszeit:
15 Minuten

PAPRIKA-ROSMARIN-OMELETTE Zubereitungszeit: 20 Minuten

Die Ei-Sahne-Mischung nach dem Grundrezept auf der linken Seite (Step 2) vorbereiten. Zusätzlich **1 rote Paprikaschote** waschen, vierteln, entkernen und das Fruchtfleisch in Streifen schneiden. **1 Zwiebel** und **1 Knoblauchzehe** abziehen und fein würfeln. **1 Zweig Rosmarin** waschen, die Nadeln abzupfen und hacken. **1 EL Olivenöl** in einer Pfanne erhitzen und Paprika, Zwiebel, Knoblauch und Rosmarin darin bei mittlerer Hitze 5 Minuten braten. Mit **Salz** und **Pfeffer** würzen und herausnehmen. Das Omelette (siehe Grundrezept Step 4) zubereiten und statt mit Käse mit der Paprikamischung füllen.

SPECK-PILZ-OMELETTE Zubereitungszeit: 20 Minuten

Die Ei-Sahne-Mischung nach dem Grundrezept auf der linken Seite (Step 2) vorbereiten. Zusätzlich **80 g durchwachsenen Speck** würfeln. **1 Zwiebel** abziehen, halbieren und in Streifen schneiden. **150 g Champignons** putzen und in Scheiben schneiden. Den Speck in einer heißen Pfanne 5 Minuten knusprig braten. Zwiebel zugeben und 3 Minuten mitbraten. Speck und Zwiebel aus der Pfanne nehmen. **1 EL neutrales Öl** in der Pfanne erhitzen und die Pilze darin 5 Minuten braten. Mit **Salz, Pfeffer** und **1 TL getrocknetem Majoran** würzen und herausnehmen. Das Omelette (siehe Grundrezept Step 4) zubereiten und statt mit Käse mit der Speck-Pilz-Mischung füllen.

TOMATEN-FLUSSKREBS-OMELETTE Zubereitungszeit: 20 Minuten

Die Ei-Sahne-Mischung nach dem Grundrezept auf der linken Seite (Step 2) vorbereiten. Zusätzlich **150 g Kirschtomaten** waschen und halbieren. **1 Knoblauchzehe** abziehen und in feine Scheiben schneiden. **2 Stängel Basilikum** waschen, trockenschütteln, die Blätter von den Stängeln streifen und grob zupfen. **1 EL Olivenöl** in einer Pfanne erhitzen. Tomaten und Knoblauch darin 2 Minuten braten. Mit **Salz, Pfeffer** und **1 Prise Zucker** würzen. **100 g gekochte Flusskrebsschwänze** und Basilikum untermischen und alles aus der Pfanne nehmen. Das Omelette (siehe Grundrezept Step 4) zubereiten und statt mit Käse mit der Tomaten-Flusskrebs-Mischung füllen.

ZUSÄTZLICH

Zu allen Omelettes passt frischer Blattsalat.

SALATE, SUPPEN & CO.

CAESARSALAT MIT HÄHNCHENBRUST

1. Den Backofen auf 180 °C (Umluft nicht empfehlenswert, Gas Stufe 2–3) vorheizen.

2. Hähnchenbrustfilets waschen, trockentupfen und mit Salz, Pfeffer und ½ Teelöffel Paprikapulver würzen. 2 Esslöffel Öl in einer Pfanne erhitzen und das Fleisch darin bei mittlerer bis starker Hitze rundherum 5 Minuten hellbraun anbraten. Hähnchenbrustfilets auf einen ofenfesten Teller legen und im heißen Backofen auf der mittleren Schiene 15 Minuten garen.

3. In der Zwischenzeit für das Dressing die Mayonnaise mit Joghurt, Milch und Parmesan verrühren. Dressing mit Salz, Pfeffer, Zucker und Zitronensaft würzen.

4. Toastscheiben grob würfeln. Knoblauchzehen abziehen und andrücken. 2 Esslöffel Öl in einer Pfanne erhitzen und die Brotwürfel darin mit Knoblauch 5 Minuten goldbraun rösten. Croûtons mit Salz und ½ Teelöffel Paprikapulver würzen.

5. Römersalat putzen, die Blätter waschen, trockenschleudern und in 2 Zentimeter breite Streifen schneiden.

6. Salat mit dem Dressing mischen. Hähnchenbrust aus dem Backofen nehmen und in Scheiben schneiden. Fleisch mit dem Salat anrichten und mit den Croûtons bestreuen.

Zutaten für 2 Personen

2 Hähnchenbrustfilets (à 150 g)
Salz
Pfeffer, frisch gemahlen
1 TL rosenscharfes Paprikapulver
4 EL Olivenöl
4 EL Mayonnaise
150 g Vollmilchjoghurt
7 EL Milch
2 EL frisch geriebener Parmesan
1 Prise Zucker
2–3 EL Zitronensaft, frisch gepresst
4 Toastbrotscheiben
2 Knoblauchzehen
1 Römersalat (200 g)

Zubereitungszeit: 30 Minuten

NOCH SCHNELLER **Wenn es etwas schneller gehen soll, den Salat einfach statt mit gebratener Hähnchenbrust mit dünn geschnittenem Geflügelaufschnitt servieren.**

ZUCKERSCHOTEN-MANGO-SALAT MIT INGWERLACHS

Zutaten für 2 Personen

Salz
20 g frischer Ingwer
300 g Lachsfilet (küchenfertig, ohne Haut)
2 EL neutrales Öl
120 g Zuckerschoten
1 reife Mango
1 kleiner Radicchio
150 g Naturjoghurt
3–5 EL Milch
3 EL Limettensaft, frisch gepresst
Pfeffer, frisch gemahlen
1 TL flüssiger Honig

Zubereitungszeit: 30 Minuten

1. Salzwasser zum Blanchieren der Zuckerschoten aufsetzen.

2. Ingwer schälen und fein würfeln. Lachsfilet waschen, trockentupfen und in 3 Zentimeter große Stücke schneiden. Lachs mit Ingwer und Öl mischen. 10 Minuten marinieren.

3. Zuckerschoten waschen und putzen. Im kochenden Salzwasser 2 Minuten kochen, abgießen und mit kaltem Wasser abschrecken. Zuckerschoten schräg halbieren.

4. Mango schälen und das Fruchtfleisch vom Stein schneiden. Fruchtfleisch in 1 Zentimeter große Würfel schneiden. Radicchio putzen, den Strunk herausschneiden, Blätter waschen, trockenschleudern und in 1 Zentimeter breite Streifen schneiden. Für das Dressing Joghurt mit Milch und Limettensaft verrühren. Mit Salz, Pfeffer und Honig würzen.

5. Eine beschichtete Pfanne erhitzen und die Lachsstücke darin bei mittlerer bis starker Hitze rundherum 4 Minuten braten. Mit Salz und Pfeffer würzen.

6. Zuckerschoten, Mango und Radicchio mit dem Joghurtdressing mischen und mit dem Ingwerlachs servieren.

Das Bild zum Rezept steht auf Seite 44.

ALTERNATIVE **Wer den bitteren Geschmack von Radicchio nicht mag, nimmt am besten die mildere Sorte Trevisano. Statt Lachs können auch Garnelen zum Salat gebraten werden.**

ROTE-BETE-APFEL-SALAT MIT ZIEGENKÄSE

1. Den Backofen auf 220 °C (Umluft nicht empfehlenswert, Gas Stufe 4–5) vorheizen. Brotscheiben auf ein Backblech legen und mit 2 Esslöffel Öl beträufeln.

2. Ziegenkäse in 12 Scheiben schneiden. Rosmarin waschen, trockenschütteln, die Nadeln von den Zweigen streifen und hacken. Brotscheiben mit je 2 Scheiben Ziegenkäse belegen und mit Rosmarin bestreuen. Jeweils ½ Teelöffel Honig über den Käse träufeln.

3. Für das Dressing Essig mit 1 Esslöffel Wasser, Senf, 1 bis 2 Teelöffel Honig, Salz und Pfeffer verrühren. 5 Esslöffel Öl nach und nach unterrühren.

4. Rote Bete halbieren und in Scheiben schneiden. Apfel waschen, vierteln und entkernen. Apfelviertel quer in Scheiben schneiden. Rucola putzen, waschen und trockenschleudern.

5. Ziegenkäsebrote im heißen Backofen auf der mittleren Schiene 7 bis 10 Minuten backen. Rote Bete, Apfel und Rucola mit dem Honig-Senf-Dressing mischen. Den Salat mit den gratinierten Ziegenkäsebroten servieren.

Zutaten für 2 Personen

6 Scheiben Baguette
7 EL Olivenöl
120 g Ziegenkäserolle
1 Zweig Rosmarin
5 TL flüssiger Honig
2 EL Weißweinessig
1 TL grober Senf
Salz
Pfeffer, frisch gemahlen
300 g gekochte Rote Bete (vakuumverpackt, aus dem Kühlregal)
1 säuerlicher Apfel
1 Bund Rucola (40 g)

Zubereitungszeit:
30 Minuten

TIPP **Wer Zeit hat, sollte die Rote Bete selbst kochen, denn dann schmeckt sie besonders süßlich und intensiv. Dazu die gewaschenen Knollen ohne das Grün in einen Topf geben und mit kaltem Wasser bedecken. Wasser aufkochen und die Rote Bete zugedeckt bei mittlerer Hitze je nach Größe 35 bis 50 Minuten kochen. Nach dem Kochen abschrecken und pellen (dabei am besten Einweghandschuhe benutzen). Ungeschält sind die gekochten Knollen im Kühlschrank 3 bis 4 Tage haltbar.**

SPARGEL-BROT-SALAT

Zutaten für 2 Personen

Salz
100 g Ciabatta
1 Knoblauchzehe
300 g grüner Spargel
300 g Kirschtomaten
2–3 EL Rotweinessig
Pfeffer, frisch gemahlen
½ TL Zucker
5–6 EL Olivenöl
3 Stängel Basilikum
40 g Parmesan

Zubereitungszeit:
30 Minuten

1. Den Backofen auf 220 °C (Umluft 200 °C, Gas Stufe 4–5) vorheizen. Reichlich Salzwasser für den Spargel aufsetzen.

2. Brot in sehr dünne Scheiben schneiden, auf einen Rost legen und im heißen Backofen auf der mittleren Schiene 3 bis 4 Minuten hellbraun rösten. Knoblauch halbieren und die Brotscheiben mit den Schnittflächen des Knoblauchs einreiben.

3. Spargel waschen, im unteren Drittel schälen und die Enden abschneiden. Spargelstangen schräg in 2 Zentimeter lange Stücke schneiden. Spargel im vorbereiteten kochenden Salzwasser 3 bis 5 Minuten leicht bissfest garen, abgießen und mit kaltem Wasser abschrecken. Tomaten waschen und halbieren.

4. Für die Vinaigrette Essig mit 2 Esslöffel Wasser, Salz, Pfeffer und Zucker verrühren. Öl nach und nach unterrühren. Basilikum waschen, trockenschütteln, die Blätter von den Stängeln streifen und grob zupfen.

5. Spargel und Tomaten mit der Vinaigrette mischen und kurz ziehen lassen. Brot und Basilikum untermischen und mindestens 7 Minuten ziehen lassen. Parmesan mit einem Sparschälmesser in Späne schneiden. Spargel-Brot-Salat mit Parmesan bestreuen und servieren.

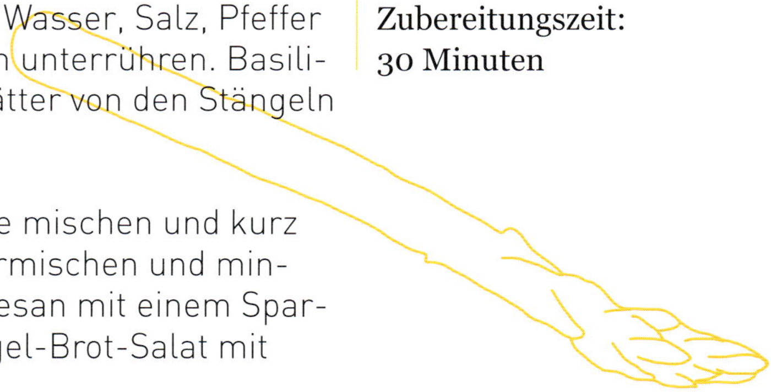

TIPP **Brotsalat lässt sich prima mit altbackenen Brotresten (zum Beispiel Ciabatta, Baguette, Weißbrot oder Bauernbrot) zubereiten und wird besonders lecker, wenn er noch etwas länger durchzieht.**

ALTERNATIVE **Wer keinen Spargel zur Hand hat, verdoppelt die Tomatenmenge.**

mitnehmen!

MEDITERRANER BAUERNSALAT

1. Schalotte abziehen und in feine Ringe schneiden. Schalottenringe mit 1 Esslöffel Zitronensaft und 1 Prise Salz mischen und 10 Minuten ziehen lassen.

2. In der Zwischenzeit die Gurke waschen, schälen, längs halbieren und mithilfe eines Teelöffels die Kerne herauslösen. Paprikaschoten waschen, putzen, vierteln und entkernen. Gurke und Paprika in 1 Zentimeter große Stücke schneiden. Petersilie waschen, trockenschütteln und die Blättchen von den Stängeln zupfen. Oliven entkernen und halbieren.

3. Marinierte Schalotte, Gurke, Paprika, Petersilie und Oliven in einer großen Schüssel mit 2 Esslöffel Zitronensaft und Öl mischen. Mit Salz, Pfeffer, Zucker und Sumach würzen. Schafskäse würfeln und untermischen.

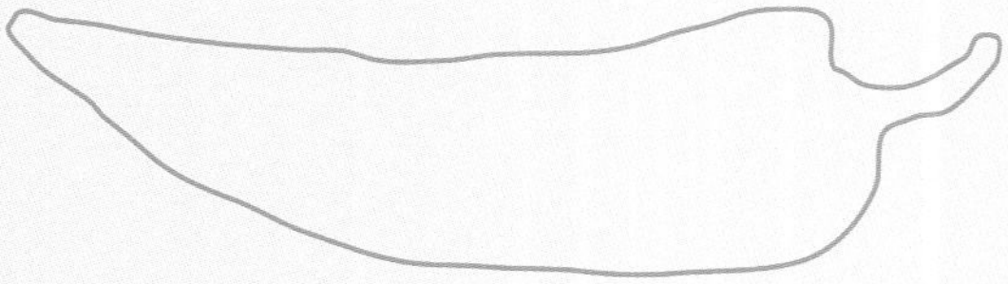

Zutaten für 2 Personen

1 Schalotte
3 EL Zitronensaft, frisch gepresst
Salz
1 Salatgurke
2 rote Spitzpaprikaschoten
½ Bund glatte Petersilie
100 g schwarze Kalamata-Oliven
5 EL Olivenöl
Pfeffer, frisch gemahlen
1 Prise Zucker
1 TL Sumach (herb-säuerliches Gewürz, gibt es in türkischen Lebensmittelläden)
100 g cremiger Schafskäse

Zubereitungszeit:
25 Minuten

ZUSATZREZEPT

Zu dem Salat passt frisches Fladenbrot. Oder man macht knusprige Fladenbrotchips. Dafür ½ Fladenbrot (vom Vortag) in 1 Zentimeter dicke Scheiben schneiden und auf ein Backblech legen. 2 abgezogene Knoblauchzehen fein hacken und mit 6 Esslöffel Olivenöl mischen. Brotscheiben auf beiden Seiten mit dem Öl einstreichen. Im heißen Backofen bei 200 °C (Umluft 180 °C, Gas Stufe 3–4) auf der mittleren Schiene 8 bis 10 Minuten backen. In einer gut verschlossenen Blechdose können die Chips 1 bis 2 Wochen gelagert und grob zerkleinert auch als Suppeneinlage verwendet werden.

COUSCOUSSALAT MIT WASSERMELONE

Zutaten für 2 Personen

Salz
100 g Instant-Couscous
400 g Wassermelone
4 Stängel Minze
80 g Schafskäse
1 Zitrone
4 EL Olivenöl
Pfeffer, frisch gemahlen
Tabasco (scharfe Chilisauce)

Zubereitungszeit:
30 Minuten

1. 150 Milliliter Salzwasser aufkochen. Couscous einrühren und zugedeckt 10 Minuten quellen lassen. Couscous in eine große Schüssel geben und mit einer Gabel auflockern. Die Schüssel in ein kaltes Wasserbad stellen, damit der Couscous schnell abkühlt.

2. In der Zwischenzeit die Wassermelone waschen und schälen. Das Fruchtfleisch in 2 Zentimeter große Stücke schneiden und dabei die Kerne entfernen. Minze waschen, trockenschütteln, die Blätter von den Stängeln streifen und grob schneiden. Schafskäse grob zerbröseln. Zitrone halbieren und den Saft auspressen.

3. Den abgekühlten Couscous mit Zitronensaft, Öl, Melone, Minze und Schafskäse mischen. Mit Salz, Pfeffer und einigen Spritzern Tabasco würzen.

TIPP **Frühaufsteher garen den Couscous am besten morgens noch vor der Arbeit. Dann ist der Salat nach Feierabend blitzschnell fertig. Reste vom Couscoussalat sind ein leckerer Mittagssnack am nächsten Tag.**

FENCHEL-NEKTARINEN-SALAT

1. Römersalat putzen, die Blätter waschen, trockenschleudern und in 2 Zentimeter breite Streifen schneiden. Fenchel putzen, waschen und das zarte Grün beiseitelegen. Fenchel längs halbieren, den Strunk keilförmig herausschneiden und die Knollen in feine Scheiben schneiden oder hobeln. Nektarinen waschen, halbieren, entsteinen und das Fruchtfleisch in grobe Stücke schneiden.

2. Für das Dressing Zitronensaft mit 1 Esslöffel Wasser, Salz, Pfeffer und Zucker verrühren. Das Rapsöl nach und nach unterrühren.

3. Tofu in 2 Zentimeter große Stücke schneiden. Öl in einer beschichteten Pfanne erhitzen und den Tofu darin bei starker Hitze rundherum 5 bis 7 Minuten goldbraun braten.

4. Römersalat mit Fenchel, Nektarinen und Zitronendressing mischen. Fenchel-Nektarinen-Salat mit dem gebratenen Tofu anrichten und mit Fenchelgrün bestreuen.

Zutaten für 2 Personen

1 Römersalat
300 g Fenchelknolle mit Grün
200 g reife Nektarinen
3 EL Zitronensaft, frisch gepresst
Salz
Pfeffer, frisch gemahlen
1 TL Zucker
5 EL Rapsöl
200 g Tofu (z. B. Mandel-Nuss-Tofu)
2 EL neutrales Öl

Zubereitungszeit:
30 Minuten

ZUSÄTZLICH Dazu passt Baguette.

ALTERNATIVE Je nach Geschmack und Saison können andere Obstarten wie Aprikosen, Melonen oder Himbeeren die Nektarinen ersetzen. Wer es besonders frisch mag, mischt einige Blätter Zitronenmelisse unter den Salat. 2 Esslöffel geröstete Sonnenblumenkerne, die vor dem Servieren über den Salat gestreut werden, sorgen für zusätzlichen Biss.

AVOCADO-MÖHREN-SALAT

1. Buchweizen in einer Pfanne ohne Fett kurz rösten und abkühlen lassen. Möhren waschen und schälen. Apfel waschen, vierteln und entkernen. Möhren und Apfel raspeln und mit 1 Esslöffel Zitronensaft mischen. Avocado waschen, halbieren, den Stein herauslösen und das Fruchtfleisch in 1 Zentimeter große Stücke schneiden. Avocado unter die Möhren-Apfel-Mischung heben.

2. Für das Dressing 3 Esslöffel Zitronensaft mit 1 Esslöffel Wasser, Salz, Pfeffer und Honig verrühren. Öl nach und nach unterrühren. Avocado-Möhren-Mischung vorsichtig mit dem Zitronendressing vermengen.

3. Den Avocado-Möhren-Salat mit dem gerösteten Buchweizen bestreuen und servieren.

Zutaten für 2 Personen

2 EL Buchweizen
300 g Möhren
1 Apfel
4 EL Zitronensaft, frisch gepresst
1 reife Avocado (z. B. Sorte Hass)
Salz
Pfeffer, frisch gemahlen
2 TL flüssiger Honig
6 EL Rapsöl

Zubereitungszeit:
25 Minuten

ZUSÄTZLICH **Zu dem Salat mit gesalzener Butter bestrichenes Vollkornbrot reichen.**

ALTERNATIVE **Statt Buchweizen Sonnenblumenkerne, Kürbiskerne, gehackte Mandeln oder Haselnüsse verwenden.**

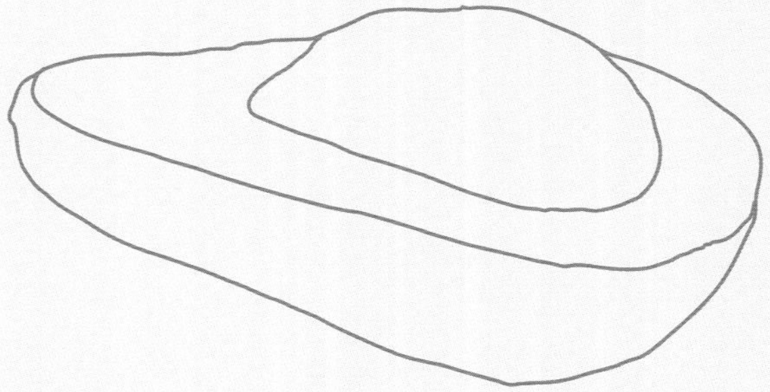

SCHARFER GLASNUDELSALAT MIT ROASTBEEF

1. Glasnudeln nach Packungsanweisung quellen lassen. Ingwer schälen und mit der Chilischote fein hacken. Zwiebel abziehen, halbieren und in feine Streifen schneiden. Sojasauce mit Zucker, 2 Esslöffel Wasser, Limettensaft und Sesamöl verrühren. Nudeln, Ingwer, Chili und Zwiebel mit der Sauce mischen und 5 Minuten ziehen lassen.

2. In der Zwischenzeit Roastbeef in 2 Zentimeter breite Streifen schneiden. Ananas schälen, den Strunk herausschneiden und in 1 Zentimeter breite Scheiben schneiden. Koriander waschen, trockenschütteln und mit den feinen Stängeln grob hacken.

3. Roastbeef und Koriander unter den Glasnudelsalat mischen. Eine Grillpfanne erhitzen. Ananasscheiben mit neutralem Öl mischen und in der Pfanne auf jeder Seite 2 Minuten grillen. Glasnudelsalat mit der gegrillten Ananas servieren.

Zutaten für 2 Personen

120 g Glasnudeln
20 g frischer Ingwer
1 rote Chilischote
1 rote Zwiebel
4 EL Sojasauce
1 TL Zucker
2–3 EL Limettensaft, frisch gepresst
2 EL geröstetes Sesamöl
8 Scheiben Roastbeef-Aufschnitt
¼ reife Ananas (oder 1 Baby-Ananas)
1 Bund Koriandergrün
1 EL neutrales Öl

Zubereitungszeit: 30 Minuten

TIPP Der Salat schmeckt auch am nächsten Tag köstlich, wenn er gut durchgezogen ist.

ZUSÄTZLICH Für den knusprigen Biss den Salat mit 2 Esslöffel gerösteten, gesalzenen Erdnüssen oder dänischen Röstzwiebeln bestreuen.

KOKOSSUPPE MIT HÄHNCHEN

1. Ingwer schälen, Knoblauch abziehen und beides mit der Chilischote fein würfeln. Hähnchenbrust waschen, trockentupfen und quer in ½ Zentimeter dicke Scheiben schneiden. Champignons putzen und in Scheiben schneiden.

2. Öl in einem Topf erhitzen und Ingwer, Knoblauch und Chili darin 2 Minuten dünsten. Mit Currypulver bestäuben und kurz mitdünsten. Kokosmilch und Brühe zugießen und aufkochen. Hähnchenfleisch zugeben und bei mittlerer Hitze 6 Minuten garen. Champignons untermischen und 2 Minuten mitgaren.

3. Suppe mit Salz und Limettensaft würzen. Basilikum waschen, trockenschütteln, die Blätter von den Stängeln streifen und grob zupfen.

4. Die Kokossuppe mit Basilikum bestreuen und servieren.

Zutaten für 2 Personen

20 g frischer Ingwer
1 Knoblauchzehe
½ rote Chilischote
1 Hähnchenbrustfilet (150 g)
200 g Champignons
2 EL neutrales Öl
1 TL mildes Currypulver
400 ml ungesüßte Kokosmilch
400 ml Geflügelbrühe
Salz
2 EL Limettensaft, frisch gepresst
3 Stängel Thaibasilikum (ersatzweise normales Basilikum oder Koriander)

Zubereitungszeit:
30 Minuten

ZUSÄTZLICH **Gekochter Basmatireis ist eine perfekte Suppeneinlage, die zusätzlich sättigt.**

ALTERNATIVE **Vegetarier ersetzen das Hähnchenfleisch durch Tofu. Und wer noch mehr Gemüse mag, ergänzt die Suppe mit Zuckerschoten, tiefgefrorenen Erbsen oder Auberginenwürfeln.**

ROTE-BETE-SUPPE MIT SESAMGARNELEN

1. Zwiebel abziehen, Ingwer schälen und beides fein würfeln. Rote Bete in grobe Stücke schneiden. 2 Esslöffel Öl in einem Topf erhitzen und Zwiebel und Ingwer darin 2 Minuten dünsten. Rote Bete zugeben und kurz mitdünsten. Brühe und Apfelsaft zugießen und aufkochen. Die Suppe zugedeckt bei mittlerer Hitze 12 Minuten kochen.

2. Rote-Bete-Suppe mit einem Stabmixer fein pürieren. Mit Salz, Pfeffer und Limettensaft würzen.

3. Basilikum waschen, trockenschütteln, die Blätter von den Stängeln zupfen und fein schneiden.

4. Sesam auf einen Teller geben und die Garnelen darin wenden. 1 Esslöffel Öl in einer Pfanne erhitzen und die Garnelen darin bei mittlerer bis starker Hitze rundherum 3 bis 4 Minuten braten. Garnelen salzen.

5. Rote-Bete-Suppe mit Basilikum bestreuen und mit den Sesamgarnelen servieren.

Zutaten für 2 Personen

1 Zwiebel
25 g frischer Ingwer
400 g gekochte Rote Bete (vakuumverpackt, aus dem Kühlregal)
3 EL neutrales Öl
600 ml Gemüsebrühe
200 ml naturtrüber Apfelsaft
Salz
Pfeffer, frisch gemahlen
1–2 EL Limettensaft, frisch gepresst
3 Stängel Basilikum
2 EL ungeschälte Sesamsaat
8 Garnelen (à 20 g, geschält, küchenfertig)

Zubereitungszeit:
30 Minuten

ZUSATZREZEPT **Die Suppe kann auch ohne Ingwer zubereitet und mit einem Meerrettichschmand und geräuchertem Forellenfilet serviert werden. Dafür 2 Esslöffel Schmand mit 2 Teelöffel Tafelmeerrettich verrühren und mit Salz und Pfeffer würzen. 100 Gramm geräuchertes Forellenfilet in Stücke schneiden.**

FRISCHE TOMATENSUPPE

1. Zwiebel und Knoblauch abziehen und in grobe Würfel schneiden. Chilischote grob hacken. Tomaten waschen, die Stielansätze entfernen und das Fruchtfleisch in grobe Stücke schneiden.

2. In einem großen Topf 2 Esslöffel Öl erhitzen und Zwiebel, Knoblauch und Chili darin glasig dünsten. Mit Zucker bestreuen und kurz karamellisieren. Mit Wermut ablöschen und fast vollständig einkochen. Tomaten und 1 Prise Salz zugeben, aufkochen und zugedeckt 15 Minuten kochen.

3. In der Zwischenzeit den Mozzarella in kleine Würfel schneiden. Basilikum waschen, trockenschütteln, die Blätter von den Stängeln streifen und grob zupfen. Die Suppe durch ein feines Sieb oder eine Passiermühle streichen, sodass nur die Tomatenkerne und -häute im Sieb bleiben.

4. Die passierte Tomatensuppe aufkochen und mit Salz würzen. Suppe anrichten, mit 1 Esslöffel Öl beträufeln, mit Basilikum und Mozzarella bestreuen und servieren.

Zutaten für 2 Personen

1 Zwiebel
1 Knoblauchzehe
½ rote Chilischote
1 ½ kg reife Tomaten
3 EL Olivenöl
1 TL Zucker
50 ml Wermut (z. B. Noilly Prat) oder Weißwein
Salz
1 Kugel Büffelmozzarella (125 g)
4 Stängel Basilikum

Zubereitungszeit:
30 Minuten

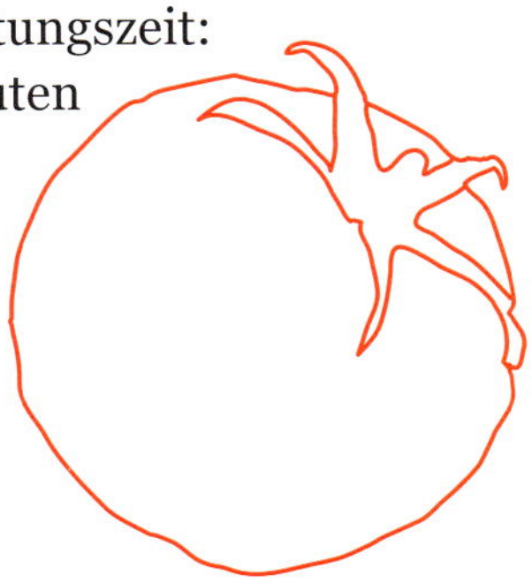

TIPP **Damit die Suppe einen intensiven, schön fruchtigen Geschmack bekommt, sind richtig reife (am besten sonnengereifte) Tomaten das Wichtigste. Sie dürfen ruhig schon ein bisschen weich sein.**

ZUSÄTZLICH **Zur Suppe knuspriges Knoblauchbrot reichen. Dazu einige Scheiben Weißbrot in einem Toaster rösten und diese mit den Schnittflächen einer halbierten Knoblauchzehe einreiben.**

ZUCCHINISUPPE MIT THYMIANCROÛTONS

Zutaten für 2 Personen

1 Zwiebel
1 Knoblauchzehe
500 g Zucchini
4 Zweige Thymian
2 EL Butter
500 ml Biogemüsebrühe
4 Toastbrotscheiben
½ TL abgeriebene Biozitronenschale
getrocknete Chiliflocken
Salz
3 EL Crème fraîche
Pfeffer, frisch gemahlen
1 EL Zitronensaft, frisch gepresst

Zubereitungszeit:
30 Minuten

1. Zwiebel und Knoblauch abziehen und in feine Würfel schneiden. Zucchini waschen, putzen und grob würfeln. Thymian waschen, trockenschütteln und die Blättchen von den Zweigen streifen.

2. In einem Topf ½ Esslöffel Butter zerlassen und Zwiebel und Knoblauch darin glasig dünsten. Zucchini und die Hälfte des Thymians zugeben und 2 Minuten mitdünsten. Brühe zugießen und aufkochen. Zugedeckt bei schwacher Hitze 15 Minuten kochen.

3. In der Zwischenzeit die Toastscheiben würfeln. 1 ½ Esslöffel Butter in einer weiten Pfanne zerlassen und die Toastwürfel und den restlichen Thymian darin 5 Minuten rösten. Diese Thymiancroûtons mit der Zitronenschale mischen. Mit Chiliflocken und Salz würzen.

4. Crème fraîche unter die Suppe rühren. Die Suppe mit einem Stabmixer fein pürieren. Mit Salz, Pfeffer und Zitronensaft würzen. Mit den Thymiancroûtons bestreuen und servieren.

AUF VORRAT

Die Suppe lässt sich prima für den Vorrat zubereiten. Einfach die doppelte Menge kochen und die Hälfte der Suppe ohne Crème fraîche zubereiten. Diese kochend heiße Suppe in 1 bis 2 saubere Twist-off-Gläser füllen und fest verschließen. Im Kühlschrank gelagert ist die Suppe mindestens 2 Wochen haltbar. Vor dem Verzehr die Suppe aufkochen, mit Salz und Pfeffer nachwürzen und Crème fraîche unterrühren.

SÜSSKARTOFFELCURRY

1. Ingwer schälen und fein würfeln. Zwiebel abziehen und mit der Chilischote fein würfeln. Süßkartoffeln waschen, schälen und in 2 Zentimeter große Stücke schneiden.

2. Apfel waschen, schälen, vierteln, entkernen und das Fruchtfleisch in 1 Zentimeter große Würfel schneiden.

3. Butter in einem Topf erhitzen. Ingwer, Zwiebel und Chili darin 2 Minuten dünsten. Süßkartoffeln zugeben und 2 Minuten mitdünsten. Alles mit Currypulver bestäuben und kurz mitrösten. Brühe zugießen, aufkochen und alles zugedeckt 12 Minuten kochen. Bohnen und Apfelwürfel untermischen und 5 Minuten mitgaren.

4. Das Süßkartoffelcurry mit Salz und Limettensaft würzen. Mit Joghurt servieren.

Zutaten für 2 Personen

30 g frischer Ingwer
1 Zwiebel
½ rote Chilischote
500 g Süßkartoffeln
1 kleiner säuerlicher Apfel
1 EL Butter
1 ½ TL mildes Currypulver
400 ml Gemüsebrühe
250 g tiefgekühlte grüne Bohnen
Salz
2–3 TL Limettensaft, frisch gepresst
150 g Naturjoghurt

Zubereitungszeit:
30 Minuten

ZUSÄTZLICH **Für eine schnelle Fleischeinlage 150 Gramm Schweinemett grob zupfen und mit den Bohnen und Apfelwürfeln mitgaren.**

MINESTRONE

1. Speck in ½ Zentimeter große Würfel schneiden. Zwiebel und Knoblauch abziehen und fein würfeln. Sellerie waschen, putzen, entfädeln und in ½ Zentimeter breite Stücke schneiden. Tomaten waschen, die Stielansätze entfernen und das Fruchtfleisch in grobe Stücke schneiden. Bohnen in ein Sieb geben und mit kaltem Wasser abspülen.

2. Öl in einem Topf erhitzen und den Speck darin 4 Minuten knusprig braten. Zwiebel und Knoblauch zugeben und 2 Minuten mitbraten. Tomatenmark einrühren, kurz mitbraten.

3. Brühe zugießen und aufkochen. Sellerie und Tomaten zugeben und zugedeckt bei mittlerer Hitze 12 Minuten garen. Bohnen untermischen und 5 Minuten mitgaren. Minestrone mit Salz, Pfeffer, Zucker und Oregano würzen.

4. Inzwischen den Parmesan fein reiben. Die Minestrone mit dem Käse bestreuen und servieren.

Das Bild zum Rezept steht auf Seite 45.

Zutaten für 2 Personen

100 g durchwachsener Speck
1 Zwiebel
1 Knoblauchzehe
150 g Staudensellerie
300 g Tomaten
1 Dose kleine weiße Bohnen (250 g Abtropfgewicht)
2 EL Olivenöl
1 EL Tomatenmark
500–600 ml Geflügelbrühe
Salz
Pfeffer, frisch gemahlen
½ TL Zucker
1–2 TL getrockneter Oregano
40 g Parmesan

Zubereitungszeit:
30 Minuten

ZUSÄTZLICH **Für eine zusätzliche sättigende Einlage von Anfang an 50 Gramm Reis oder 80 Gramm kleine Suppennudeln mitkochen.**

ALTERNATIVE **Anstelle des Parmesans die Suppe mit zerbröseltem Schafskäse oder Ricotta servieren.**

SPINAT-KARTOFFEL-CURRY

1. Spinat auftauen. Zwiebel abziehen und fein würfeln. Kartoffeln waschen, schälen und in 1 Zentimeter große Würfel schneiden.

2. Butter in einem Topf zerlassen und die Zwiebel darin bei mittlerer Hitze glasig dünsten. Kartoffeln zugeben und 4 Minuten mitdünsten. Mit Currypulver bestäuben und kurz rösten. Brühe und Sahne zugießen, aufkochen und die Kartoffeln zugedeckt 10 bis 15 Minuten garen.

3. Den aufgetauten Spinat ausdrücken. Spinat und Rosinen zu den Kartoffeln geben und 5 Minuten mitkochen. Spinat-Kartoffel-Curry mit Salz, Pfeffer und Muskat würzen.

Zutaten für 2 Personen

400 g tiefgefrorener Blattspinat
1 Zwiebel
400 g vorwiegend festkochende Kartoffeln
1 EL Butter
1–2 TL mildes Currypulver
200 ml Gemüsebrühe
200 g Schlagsahne
2 EL Rosinen
Salz
Pfeffer, frisch gemahlen
Muskatnuss, frisch gerieben

Zubereitungszeit:
30 Minuten

TIPP **Aus dem Spinat-Kartoffel-Curry lässt sich schnell ein feiner Auflauf zaubern: Dafür das Curry in eine gefettete Auflaufform geben und mit 50 Gramm geraspeltem Gouda bestreuen. Im heißen Backofen bei 200 °C (Umluft 180 °C, Gas Stufe 3–4) auf der mittleren Schiene ca. 15 Minuten goldbraun überbacken.**

ZUSÄTZLICH **Das Curry mit einigen grob gehackten Cashewkernen variieren.**

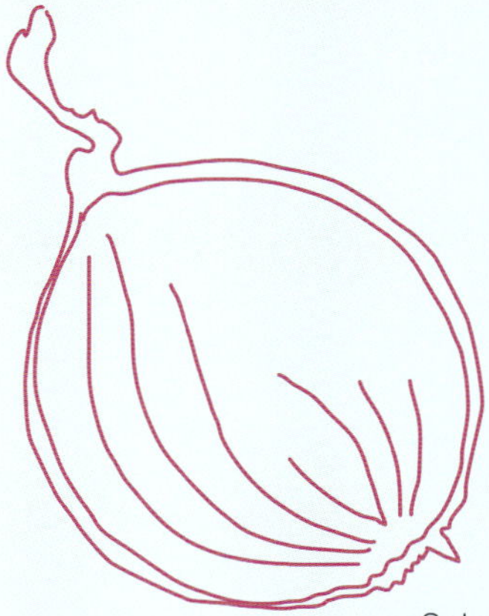

LINSENEINTOPF MIT WÜRSTCHEN

1. Speck in ½ Zentimeter große Würfel schneiden. Zwiebel abziehen und fein würfeln. Suppengrün und Kartoffel waschen, putzen, schälen und in kleine Würfel schneiden. Linsen in ein Sieb geben und mit kaltem Wasser abspülen.

2. Butter in einem Topf erhitzen und den Speck darin 3 Minuten goldbraun braten. Zwiebel, Suppengrün und Kartoffel zugeben und bei mittlerer Hitze 5 Minuten mitbraten. Brühe zugießen, aufkochen und das Gemüse 10 Minuten garen.

3. In der Zwischenzeit den Schnittlauch waschen, trockenschütteln und in feine Röllchen schneiden. Schnittlauch mit Schmand verrühren. Würstchen schräg in ½ Zentimeter dicke Scheiben schneiden.

4. Linsen unter die Speck-Gemüse-Mischung mischen und 5 Minuten mitkochen. Würstchen zugeben und einige Minuten in dem Eintopf erwärmen. Linseneintopf mit Salz, Pfeffer und Essig würzen. Mit dem Schnittlauchschmand servieren.

Zutaten für 2 Personen

80 g durchwachsener Speck
1 Zwiebel
1 Bund Suppengrün (300 g)
100 g Kartoffel
1 Dose Linsen
(265 g Abtropfgewicht)
1 EL Butter
400 ml Gemüsebrühe
½ Bund Schnittlauch
100 g Schmand
2 Wiener Würstchen
Salz
Pfeffer, frisch gemahlen
1–2 EL Rotweinessig

Zubereitungszeit:
35 Minuten

TIPP **Gleich die doppelte Menge kochen, denn am nächsten Tag schmeckt der Eintopf besonders lecker.**

ALTERNATIVE **Für einen Hauch Exotik mit Zwiebel, Suppengrün und Kartoffel 20 Gramm frischen, gewürfelten Ingwer mitbraten. 1 bis 2 Teelöffel mildes Currypulver zugeben und den Eintopf wie beschrieben zubereiten. Statt der Wiener Würstchen zum Schluss 2 Esslöffel gewürfelte getrocknete Pflaumen untermischen.**

KICHERERBSENEINTOPF MIT SPINAT

1. Spinat auftauen. Mettwurst in ½ Zentimeter dicke Scheiben schneiden. Zwiebeln und Knoblauch abziehen und in feine Würfel schneiden.

2. Öl in einem weiten Topf erhitzen und die Wurstscheiben darin rundherum anbraten. Zwiebeln und Knoblauch zugeben und bei mittlerer Hitze 2 Minuten mitbraten. Tomatenmark einrühren und kurz mitbraten. Pizzatomaten und 200 Milliliter heißes Wasser zugießen, aufkochen und zugedeckt 10 Minuten kochen.

3. In der Zwischenzeit Kichererbsen in ein Sieb geben und mit kaltem Wasser abspülen. Den aufgetauten Spinat kräftig ausdrücken. Petersilie waschen, trockenschütteln, die Blätter von den Stängeln zupfen und grob hacken.

4. Kichererbsen und Spinat in den Eintopf geben und 5 Minuten mitkochen. Eintopf mit Salz, Pfeffer, Zucker und Zimt würzen. Petersilie untermischen.

Zutaten für 2 Personen

250 g tiefgefrorener Blattspinat
150 g geräucherte, feste Mettwurst (ersatzweise Cabanossi)
2 kleine Zwiebeln
1 Knoblauchzehe
2 EL Olivenöl
2 TL Tomatenmark
1 Dose Pizzatomaten (400 g Füllmenge)
1 Dose Kichererbsen (265 g Abtropfgewicht)
½ Bund glatte Petersilie
Salz
Pfeffer, frisch gemahlen
1 Prise Zucker
1 Prise Zimtpulver

Zubereitungszeit:
30 Minuten

ZUSÄTZLICH **Dazu passt Baguette.**

ALTERNATIVE **Statt der Kichererbsen kleine weiße Dosenbohnen verwenden. Der Eintopf schmeckt auch noch am nächsten Tag!**

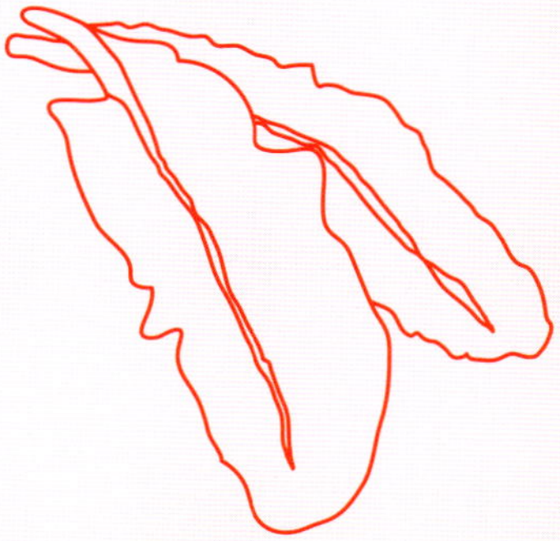

PASTA, PIZZA, REIS & CO.

BAVETTE MIT KOHLRABIRAHM UND METTKLÖSSCHEN

1. Reichlich Salzwasser für die Nudeln aufsetzen. Nudeln zugeben und nach Packungsanweisung bissfest garen.

2. In der Zwischenzeit die Zwiebel abziehen und fein würfeln. Kohlrabi waschen, putzen, schälen und in 1 Zentimeter große Würfel schneiden. Thymian waschen, trockenschütteln und die Blättchen von den Zweigen streifen. Mett mit feuchten Händen zu kleinen Bällchen formen.

3. Nudeln abgießen und dabei 100 Milliliter Nudelwasser auffangen. Butter in einem Topf zerlassen und die Zwiebel darin glasig dünsten. Kohlrabi und Thymian zugeben und 2 Minuten mitdünsten.

4. Sahne und Nudelwasser zum Gemüse gießen und aufkochen. Mettklößchen untermischen und zugedeckt bei mittlerer Hitze 5 bis 7 Minuten garen. Kohlrabirahm mit Salz, Pfeffer und Zitronensaft würzen. Nudeln untermischen und kurz erwärmen.

Zutaten für 2 Personen

Salz
180 g Bavette
1 Zwiebel
1 Kohlrabi (350 g)
3 Zweige Thymian
150 g Schweinemett
2 TL Butter
150 g Schlagsahne
Pfeffer, frisch gemahlen
1–2 TL Zitronensaft, frisch gepresst

Zubereitungszeit:
30 Minuten

Das Bild zum Rezept steht auf Seite 72.

TIPP **Um am nächsten Tag wenig Arbeit zu haben, die angegebene Menge einfach verdoppeln und einen Auflauf daraus machen: Dazu die zweite Hälfte Nudeln, Kohlrabirahm und Mettklößchen mit 100 Milliliter Milch oder Sahne mischen. Alles in eine Auflaufform geben und mit 70 Gramm geraspeltem mittelaltem Gouda bestreuen. Im heißen Backofen bei 200 °C (Umluft 180 °C, Gas Stufe 3–4) auf der mittleren Schiene ca. 20 Minuten goldbraun überbacken. Köstlich!**

NUDELN MIT AVOCADO

1. Reichlich Salzwasser für die Nudeln aufsetzen. Nudeln zugeben und nach Packungsanweisung bissfest garen.

2. In der Zwischenzeit Knoblauch abziehen und fein hacken. Petersilie waschen, trockenschütteln, die Blätter von den Stängeln zupfen und fein hacken.

3. Avocado waschen, halbieren, den Stein herauslösen und das Fruchtfleisch mit einer Gabel fein zerdrücken. Mit Zitronensaft, Knoblauch, Petersilie und Olivenöl mischen. Avocadopüree mit Salz und Chiliflocken würzen.

4. Nudeln abgießen und tropfnass mit dem Avocadopüree mischen. Nach Belieben mit geriebenem Parmesan bestreuen.

Zutaten für 2 Personen

Salz
200 g Nudeln
(z. B. Dinkelnudeln)
1 kleine, frische
Knoblauchzehe
4 Stängel glatte Petersilie
1 reife Avocado
(z. B. Sorte Hass)
1–2 EL Zitronensaft,
frisch gepresst
2 EL Olivenöl
ca. ½ TL getrocknete
Chiliflocken
Parmesan nach Belieben

Zubereitungszeit:
20 Minuten

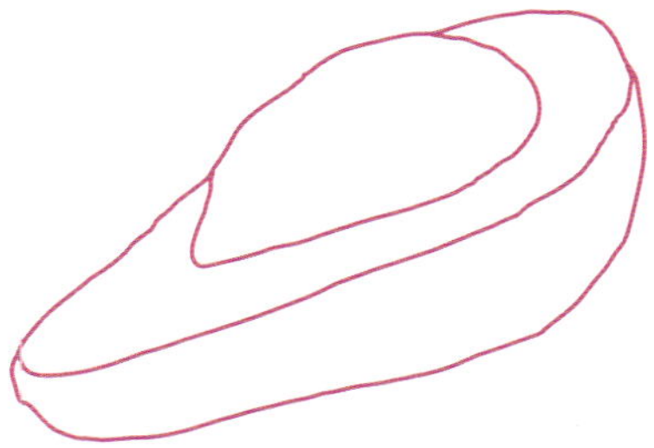

TIPP **Das Avocadopüree ist auch ein leckerer Dip zu Nachochips. Damit das Püree sich nicht so schnell verfärbt, einfach den Avocadokern hineinlegen.**

NUDELN MIT TOMATENSAUCE

1. Reichlich Salzwasser für die Nudeln aufsetzen. Zwiebel und Knoblauch abziehen und in feine Würfel schneiden.

2. Öl in einem weiten Topf oder einer Pfanne erhitzen. Zwiebel und Knoblauch darin glasig dünsten. Mit Zucker bestreuen und leicht karamellisieren. Tomatenmark einrühren und kurz mitbraten. Tomaten zugeben und die Sauce bei mittlerer Hitze unter gelegentlichem Rühren 5 bis 7 Minuten einkochen.

3. Gleichzeitig die Nudeln in das kochende Salzwasser geben und nach Packungsanweisung garen. Basilikum waschen, trockenschütteln, die Blätter von den Stängeln streifen und grob zupfen.

4. Tomatensauce mit Salz und Pfeffer würzen. Nudeln abgießen und mit der Sauce und Basilikum mischen. Nach Belieben mit geriebenem Käse bestreuen.

Grundrezept
Zutaten für 2 Personen

Salz
1 Zwiebel
1 Knoblauchzehe
2 EL Olivenöl
½ TL Zucker
2 TL Tomatenmark
1 Dose stückige Tomaten (240 g Abtropfgewicht)
200 g Spaghetti
4 Stängel Basilikum
Pfeffer, frisch gemahlen

Zubereitungszeit:
20 Minuten

TOMATEN-KAPERN-SAUCE Zubereitungszeit: 25 Minuten

Das Grundrezept für Tomatensauce zubereiten (siehe links Step 2). Zum Schluss **2 EL abgetropfte Kapern** und **2 EL gewaschene und gehackte Petersilie** mit den gekochten Nudeln untermischen. Mit **100 g zerbröseltem Schafskäse** bestreuen.

TOMATENSAUCE MIT RUCOLA UND PECORINO Zubereitungszeit: 25 Minuten

Das Grundrezept für Tomatensauce zubereiten (siehe links Step 2). Zum Schluss die gekochten Nudeln und **40 g gewaschenen und grob geschnittenen Rucola** untermischen. Mit **50 g geraspeltem Pecorino (italienischer Hartkäse aus Schafsmilch)** bestreuen.

TOMATENSAUCE ALL'ARRABBIATA Zubereitungszeit: 25 Minuten

Das Grundrezept für Tomatensauce zubereiten (siehe links Step 2). Mit den Zwiebel- und Knoblauchwürfeln **½ rote, gehackte Chilischote** mitdünsten. Zum Schluss **2 EL geviertelte, schwarze Oliven** mit den gekochten Nudeln untermischen.

HACKFLEISCH-ROTWEIN-SAUCE Zubereitungszeit: 30 Minuten

Das Grundrezept für Tomatensauce zubereiten (siehe links Step 2). Gleichzeitig **250 g gemischtes Hackfleisch** mit **½ EL gehackten Rosmarinnadeln** in einer Pfanne in **1 EL Olivenöl** hellbraun anbraten, salzen und pfeffern. Mit **100 ml Rotwein** ablöschen und fast vollständig einkochen. Hackfleischmischung mit der Tomatensauce vermengen und 5 Minuten kochen. Gekochte Nudeln untermischen und nach Belieben mit **geriebenem Parmesan** bestreuen.

TOMATENSAUCE MIT AVOCADO Zubereitungszeit: 25 Minuten

Das Grundrezept für Tomatensauce zubereiten (siehe links Step 2). **1 Kugel Mozzarella (125 g)** in kleine Stücke schneiden. **1 reife Avocado** halbieren, den Stein entfernen und das Fruchtfleisch mit einem Esslöffel aus den Hälften lösen. Fruchtfleisch fein würfeln. Tomatensauce mit den gekochten Nudeln mischen. Mit Mozzarella und Avocado bestreuen.

TOMATENSAUCE MIT SPECK UND BALSAMICO Zubereitungszeit: 30 Minuten

80 g durchwachsenen Speck fein würfeln. Speck in einer heißen Pfanne 5 Minuten knusprig braten. Dann **Zwiebel** und **Knoblauch** zugeben und das Grundrezept für Tomatensauce zubereiten (siehe links Step 2). Tomatensauce mit **1–2 EL dunklem Aceto balsamico** würzen. Gekochte Nudeln untermischen und nach Belieben mit **geriebenem Parmesan** bestreuen.

ASIANUDELN MIT HÄHNCHEN

1. Chilischote längs halbieren, entkernen und fein hacken. Knoblauch abziehen und in dünne Scheiben schneiden. Koriander, Chili und Knoblauch mit Teriyaki-Sauce mischen. Hähnchenfleisch in 1 Zentimeter breite Streifen schneiden, in einer Schüssel mit der Teriyaki-Marinade mischen und 10 Minuten marinieren.

2. In der Zwischenzeit die Frühlingszwiebeln waschen, putzen und das Weiße und Hellgrüne schräg in 2 Zentimeter lange Stücke schneiden. Brokkoli in ein Sieb geben und mit kochendem Wasser übergießen, sodass die Röschen auftauen.

3. Hähnchenfleisch in einem Sieb abtropfen lassen und die Marinade auffangen. 1 Esslöffel Öl in einem Wok erhitzen. Das Fleisch darin bei starker Hitze rundherum 4 Minuten anbraten und herausnehmen. 1 weiteren Esslöffel Öl erhitzen und Frühlingszwiebeln und Brokkoli 3 Minuten braten und herausnehmen.

4. Marinade, 250 Milliliter Wasser und Nudeln in den Wok geben. Unter Rühren ca. 3 Minuten kochen, bis die Nudeln die Flüssigkeit aufgenommen haben. Fleisch und Gemüse untermischen und mit Limettensaft würzen.

Zutaten für 2 Personen

1 rote Chilischote
1 Knoblauchzehe
½ TL gemahlene Koriandersaat
7 EL Teriyaki-Sauce
250 g Hähnchenbrustfilet
4 Frühlingszwiebeln
250 g tiefgefrorener Brokkoli
2 EL neutrales Öl
150 g kurze Wok-Nudeln (Instant)
1–2 TL Limettensaft, frisch gepresst

Zubereitungszeit:
30 Minuten

ALTERNATIVE **Dieses Rezept für Vegetarier abwandeln, indem das Hähnchenfleisch durch Tofu ersetzt wird. Auch Garnelen oder Schweinefleisch schmecken darin köstlich. Der Brokkoli kann z. B. durch Paprikaschoten, Möhren, Spitzkohl oder Zuckerschoten ausgetauscht werden.**

ZUCCHINI-CARBONARA

1. Reichlich Salzwasser für die Nudeln aufsetzen.

2. Speck in ½ Zentimeter große Würfel schneiden. Zwiebel abziehen und fein würfeln. Zucchini waschen, putzen und in 1 Zentimeter große Stücke schneiden.

3. Sahne, Milch und Eier in einer Schüssel verquirlen. Mit 1 Prise Salz und Pfeffer würzen.

4. Nudeln in das kochende Salzwasser geben und nach Packungsanweisung garen.

5. In der Zwischenzeit Öl in einer Pfanne erhitzen und den Speck darin 3 Minuten knusprig braten. Zwiebel und Zucchini zugeben und 4 Minuten mitbraten. Mit 1 Prise Salz und Pfeffer würzen und von der Kochstelle ziehen.

6. Nudeln abgießen und in der Pfanne mit der Zucchini-Speck-Mischung mischen. Eiersahne sofort zugießen und mit den heißen Nudeln mischen. Mit Zitronensaft würzen, mit Parmesan bestreuen und servieren.

Zutaten für 2 Personen

Salz
100 g durchwachsener Speck
1 Zwiebel
250 g Zucchini
150 g Schlagsahne
50 ml Milch
2 Eier
Pfeffer, frisch gemahlen
200 g Spaghetti
1 EL Olivenöl
2–3 TL Zitronensaft, frisch gepresst
30 g Parmesan

Zubereitungszeit:
25 Minuten

ALTERNATIVE **Dieses Rezept mit geraspeltem Hokkaido-Kürbis oder tiefgefrorenen Erbsen zubereiten.**

NOCH SCHNELLER **Wenn es allerdings ganz schnell gehen soll, das Gemüse einfach weglassen.**

PASTA CAPRESE

1. Pinienkerne in einer Pfanne ohne Fett goldbraun rösten und herausnehmen.

2. Reichlich Salzwasser für die Nudeln aufsetzen. Nudeln zugeben und nach Packungsanweisung bissfest garen.

3. Inzwischen Tomaten waschen und vierteln. Knoblauch abziehen und fein hacken. Basilikum waschen, trockenschütteln, die Blätter von den Stängeln streifen und grob zupfen.

4. Tomaten mit Knoblauch, Mozzarella, Essig und Öl mischen. Mit Salz, Pfeffer und Zucker würzen. Nudeln abgießen und sofort mit der Tomatenmischung vermengen. Mit Basilikum und Pinienkernen bestreuen und servieren.

Zutaten für 2 Personen

2 EL Pinienkerne (ersatzweise gehackte Mandeln)
Salz
180 g Rigatoni (oder eine andere kurze Nudelsorte)
500 g bunte Kirschtomaten
1 kleine, frische Knoblauchzehe
3 Stängel Basilikum
150 g kleine Mozzarella-Kugeln
1–2 EL heller Aceto balsamico
4 EL Olivenöl
Pfeffer, frisch gemahlen
1 Prise Zucker

Zubereitungszeit:
25 Minuten

ZUSATZREZEPT

Aus diesem Pastagericht lässt sich auch ein leckerer Nudelsalat machen. Dazu die Nudeln abgießen und dabei 100 Milliliter Nudelwasser auffangen. Nudeln kalt abspülen. Kalte Nudeln mit dem Nudelwasser und der Tomatenmischung vermengen und 20 Minuten ziehen lassen. Vor dem Servieren nachwürzen. Für einen intensiveren Geschmack 2 Esslöffel Basilikumpesto untermischen.

PASTA CAPONATA

Zutaten für 2 Personen

1 EL Rosinen
Salz
1 kleine Aubergine
150 g Staudensellerie
200 g Kirschtomaten
2 Schalotten
1 Knoblauchzehe
1 Zweig Rosmarin
1 EL Mandelblättchen
180 g Muschelnudeln (ersatzweise Tortiglioni)
5 EL Olivenöl
Pfeffer, frisch gemahlen
1 TL Zucker
1 EL Aceto balsamico
Parmesan nach Belieben

Zubereitungszeit: 30 Minuten

1. Rosinen 10 Minuten in heißem Wasser einweichen. Reichlich Salzwasser für die Nudeln aufsetzen.

2. Aubergine waschen, putzen und in 1 Zentimeter große Würfel schneiden. Sellerie waschen, putzen, entfädeln und schräg in Stücke schneiden. Tomaten waschen und halbieren. Schalotten und Knoblauch abziehen. Schalotten in Ringe schneiden. Knoblauch in feine Scheiben schneiden. Rosmarin waschen, trockenschütteln und die Nadeln vom Zweig streifen.

3. Mandeln in einer beschichteten Pfanne ohne Fett goldbraun rösten, beiseitestellen. Rosinen über einem Sieb abgießen.

4. Nudeln in das kochende Salzwasser geben und nach Packungsanweisung garen.

5. In der Zwischenzeit 2 Esslöffel Öl in einer großen Pfanne erhitzen und die Auberginenwürfel darin 5 Minuten braten. 1 Esslöffel Öl, Schalotten, Knoblauch, Sellerie und Rosmarin zugeben und 5 Minuten mitbraten. Mit Salz und Pfeffer würzen. Gemüse mit Zucker bestreuen und kurz braten. Tomaten und Rosinen zum Gemüse geben und kurz mitbraten.

6. Nudeln abgießen und dabei 100 Milliliter Nudelwasser auffangen. Nudelwasser zu dem Gemüse geben und aufkochen. Nudeln und 2 Esslöffel Öl untermischen. Das Gericht mit Salz, Pfeffer und Essig abschmecken und mit Mandeln bestreuen. Nach Belieben mit geriebenem Parmesan servieren.

TIPP **Pasta Caponata schmeckt am nächsten Tag auch kalt als Salat und schneller Mittagssnack. Dazu die Nudeln erneut mit Salz, Pfeffer und etwas Essig würzen und frischen Rucola sowie gehobelten Parmesan untermischen.**

LINGUINE MIT ERBSENPESTO

1. In einem Topf reichlich Salzwasser aufkochen. Basilikum waschen, trockenschütteln, die Blätter von den Stängeln streifen und grob zupfen. Pinienkerne in einer Pfanne ohne Fett goldbraun rösten und herausnehmen. Parmesan fein reiben. Knoblauch abziehen. Knoblauch und Chilischote fein hacken.

2. Erbsen im Salzwasser 3 Minuten kochen. Erbsen über einem Sieb abgießen, dabei das Wasser für die Nudeln auffangen und erneut aufsetzen. Erbsen kalt abschrecken und abtropfen lassen. Nudeln in das kochende Salzwasser geben und nach Packungsanweisung garen.

3. In der Zwischenzeit drei Viertel der Erbsen mit Basilikum, Pinienkernen, Knoblauch und Chili in ein hohes, schmales Gefäß geben und mit einem Stabmixer fein pürieren. Parmesan, Crème fraîche und Öl unterrühren. Erbsenpesto mit Salz, Pfeffer und Zitronensaft würzen.

4. Die restlichen Erbsen zu den Nudeln in das Wasser geben und kurz erwärmen. Nudeln und Erbsen abgießen und tropfnass mit dem Erbsenpesto mischen.

Zutaten für 2 Personen

Salz
3 Stängel Basilikum
20 g Pinienkerne (ersatzweise gehackte Mandeln)
30 g Parmesan
1 Knoblauchzehe
1 kleine getrocknete Chilischote
300 g tiefgefrorene Erbsen
200 g Vollkornlinguine
1 EL Crème fraîche
2 EL Olivenöl
Pfeffer, frisch gemahlen
1–2 EL Zitronensaft, frisch gepresst

Zubereitungszeit:
30 Minuten

ZUSÄTZLICH Wer dem Pesto eine andere Geschmacksnote verleihen möchte, nimmt frische Minze anstatt Basilikum.

AUF VORRAT Pestoreste sind ein köstlicher Brotaufstrich für den nächsten Tag. Besonders lecker schmeckt Erbsenpesto auf Vollkornbrot. Zusätzlich mit dünn geschnittenem Serranoschinken belegt, ist im Nu ein schneller Snack zubereitet.

THAINUDELN

1. Reichlich Salzwasser für die Nudeln aufsetzen. Möhren waschen, schälen, längs halbieren und schräg in dünne Scheiben schneiden. Zuckerschoten waschen, putzen und schräg halbieren. Knoblauch abziehen, Ingwer schälen und beides in feine Würfel schneiden. Chilischote längs halbieren, entkernen und hacken.

2. Öl in einer großen Pfanne erhitzen und die Möhren darin unter Rühren 4 Minuten braten. Zuckerschoten, Knoblauch, Ingwer und Chili zugeben und 3 Minuten mitbraten. Den Pfanneninhalt salzen.

3. Gleichzeitig die Nudeln in dem kochendem Salzwasser nach Packungsanweisung garen. Kokosmilch und Gemüsebrühe zum Gemüse gießen und aufkochen. Erdnussbutter einrühren und die Sauce aufkochen.

4. Koriander waschen, trockenschütteln und die Blätter von den Stängeln zupfen. Nudeln abgießen, mit der Erdnusssauce mischen und mit Limettensaft würzen. Mit Korianderblättern bestreuen und servieren.

Zutaten für 2 Personen

Salz
200 g Möhren
200 g Zuckerschoten
1 Knoblauchzehe
20 g frischer Ingwer
1 rote Chilischote
2 EL neutrales Öl
180 g asiatische Eiernudeln
200 ml ungesüßte Kokosmilch
150 ml Gemüsebrühe
3 EL Erdnussbutter (mit Erdnussstücken)
5 Stängel Koriandergrün
1–2 EL Limettensaft, frisch gepresst

Zubereitungszeit: 30 Minuten

ZUSATZREZEPT

Die Erdnusssauce passt auch zu gebratenem Curryhähnchen. Dafür 300 Gramm Hähnchenbrustfilet in 4 Zentimeter große Stücke schneiden und mit Salz, 1 Teelöffel mildem Currypulver und 2 Esslöffel neutralem Öl mischen. Hähnchenstücke in einer heißen Pfanne rundherum 5 bis 7 Minuten goldbraun braten und mit der Erdnusssauce servieren.

ERBSENRISOTTO MIT MORTADELLA

Zutaten für 2 Personen

1 Zwiebel
1 Knoblauchzehe
40 g Parmesan
80 g italienische Mortadella in Scheiben (ersatzweise Fleischwurst)
500–600 ml Geflügelbrühe
1 EL Olivenöl
150 g Risottoreis
50 ml Wermut (ersatzweise Weißwein)
200 g tiefgefrorene Erbsen
1 EL Butter
Salz
Pfeffer, frisch gemahlen

Zubereitungszeit:
35 Minuten

1. Zwiebel und Knoblauch abziehen und fein würfeln. Parmesan fein reiben. Mortadellascheiben halbieren, quer in 1 Zentimeter breite Streifen schneiden und abgedeckt beiseitestellen. Brühe aufkochen und bei schwacher Hitze warm halten.

2. Öl in einem Topf erhitzen und Zwiebel und Knoblauch darin glasig dünsten. Reis zugeben und unter Rühren kurz mitdünsten. Mit Wermut ablöschen und fast vollständig einkochen lassen.

3. Eine Kelle heiße Brühe in den Topf gießen und bei mittlerer Hitze unter gelegentlichem Rühren einkochen, bis der Reis die Flüssigkeit aufgenommen hat. Diesen Vorgang mit der restlichen Brühe wiederholen, sodass der Risotto 20 Minuten kocht. Die Reiskörner sollen noch einen leichten Biss haben. 8 Minuten vor Ende der Garzeit die Erbsen zugeben und mitgaren.

4. Parmesan und Butter unter den Risotto rühren. Mit Salz und Pfeffer würzen. Erbsenrisotto vor dem Servieren mit Mortadella bestreuen.

ALTERNATIVE **Wer es geschmacklich noch etwas kräftiger mag, kann anstelle der italienischen Mortadella 80 Gramm Speckwürfel in einer Pfanne ohne Fett knusprig braten, auf Küchenpapier abtropfen lassen und zum Schluss über den Risotto streuen.**

ZITRONENRISOTTO

1. Zwiebel und Knoblauch abziehen und fein würfeln. Parmesan fein reiben. Brühe aufkochen und bei schwacher Hitze warm halten.

2. Öl und Butter in einem Topf erhitzen und Zwiebel und Knoblauch darin glasig dünsten. Reis zugeben und unter Rühren kurz mitdünsten. Mit Wermut ablöschen und fast vollständig einkochen.

3. Eine Kelle heiße Brühe zugießen und bei mittlerer Hitze unter gelegentlichem Rühren einkochen, bis der Reis die Flüssigkeit aufgenommen hat. Diesen Vorgang mit der restlichen Brühe wiederholen, sodass der Risotto 20 Minuten kocht. Die Reiskörner sollen noch einen leichten Biss haben.

4. Zitrone waschen und 1 Teelöffel Schale fein abreiben. Zitrone halbieren und 1 bis 2 Esslöffel Saft auspressen. Basilikum waschen, trockenschütteln, die Blätter von den Stängeln streifen und grob zupfen. Parmesan und Mascarpone unter den Risotto rühren. Mit Salz, Pfeffer, Zitronenschale und Zitronensaft würzen. Mit Basilikum bestreuen und servieren.

Zutaten für 2 Personen

1 Zwiebel
1 Knoblauchzehe
40 g Parmesan
500–600 ml Geflügel- oder Gemüsebrühe
1 EL Olivenöl
½ EL Butter
150 g Risottoreis
50 ml Wermut (ersatzweise Weißwein)
1 Biozitrone
3 Stängel Basilikum
2 EL Mascarpone (ersatzweise Crème fraîche)
Salz
Pfeffer, frisch gemahlen

Zubereitungszeit:
35 Minuten

ZUSÄTZLICH **Für den Extraknusper den Risotto mit pikanten Bröseln servieren. Dafür ½ altbackenes Brötchen hacken und die Brösel in einer Pfanne in 1 Esslöffel zerlassener Butter goldbraun rösten. Mit ½ Teelöffel getrockneten Chiliflocken und 1 Prise Salz würzen und über den Risotto streuen.**

PAPRIKAPILAW

1. Zwiebeln abziehen, halbieren und in grobe Streifen schneiden. Paprikaschoten waschen, vierteln, entkernen und das Fruchtfleisch in grobe Stücke schneiden.

2. Butter in einem Topf zerlassen und die Zwiebeln darin 2 Minuten dünsten. Paprika zugeben und 2 Minuten mitdünsten. Reis, Kurkuma, Tomatenmark und Zimt zugeben und unter Rühren kurz mitbraten. Brühe zugießen und aufkochen. Den Reis zugedeckt bei schwacher Hitze 20 Minuten garen und dabei gelegentlich umrühren.

3. In der Zwischenzeit die Datteln fein würfeln und 5 Minuten vor Ende der Garzeit unter den Reis mischen. Minze waschen, trockenschütteln, die Blätter von den Stängeln zupfen und grob hacken. Zitrone waschen und in Spalten schneiden.

4. Minzeblätter unter den Paprikapilaw mischen. Mit Salz, Pfeffer und Zimt würzen und mit den Zitronenspalten servieren.

Zutaten für 2 Personen

2 Zwiebeln
300 g rote Paprikaschoten
1 EL Butter
125 g Langkornreis
1 TL Kurkuma
2 TL Tomatenmark
1 Prise Zimtpulver
450 ml Gemüsebrühe
30 g getrocknete, entsteinte Datteln
4 Stängel Minze
½ Biozitrone
Salz
Pfeffer, frisch gemahlen

Zubereitungszeit:
35 Minuten

ZUSÄTZLICH **Wer eine Fleischbeilage vermisst, serviert den Paprikapilaw mit gebratenen Hähnchenstücken oder Lammkoteletts.**

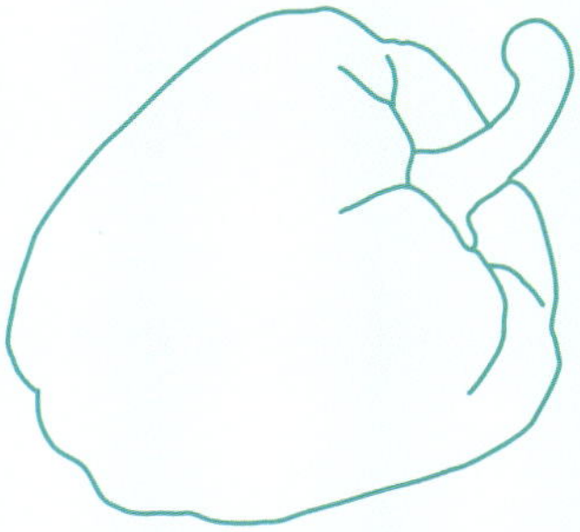

TOMATENBULGUR MIT SCHAFSKÄSE

1. 375 Milliliter Salzwasser aufkochen. Bulgur einrühren und zugedeckt bei schwacher Hitze 7 bis 10 Minuten quellen lassen.

2. In der Zwischenzeit Zwiebel abziehen und in feine Würfel schneiden. Tomaten waschen und halbieren. Öl in einer Pfanne erhitzen und die Zwiebel darin glasig dünsten. Tomatenmark einrühren und kurz mitdünsten. Tomaten zugeben und bei mittlerer Hitze 4 Minuten garen. Mit Salz, Zucker und Pfeffer würzen.

3. Petersilie waschen, trockenschütteln, die Blätter von den Stängeln zupfen und grob hacken. Oliven halbieren. Schafskäse zerbröseln.

4. Bulgur mit einer Gabel auflockern und mit der Tomatenmischung, Petersilie und Oliven vermengen. Mit Salz und Pfeffer abschmecken. Mit Schafskäse bestreuen und servieren.

Zutaten für 2 Personen

Salz
150 g Instant-Bulgur
1 Zwiebel
400 g Kirschtomaten
2 EL Olivenöl
1 TL Tomatenmark
1 Prise Zucker
Pfeffer, frisch gemahlen
½ Bund glatte Petersilie
30 g schwarze, entsteinte Oliven
100 g Schafskäse

Zubereitungszeit:
25 Minuten

TIPP **Dieses Gericht schmeckt auch kalt am nächsten Tag, deshalb lohnt es sich, gleich die doppelte Menge zuzubereiten. Es kann hervorragend mit gegrillten Lammkoteletts kombiniert werden.**

GEMÜSEWEIZEN

Zutaten für 2 Personen

Salz
125 g Weizenkörner
(z. B. Sonnenweizen von Ebly® im Kochbeutel)
1 rote Zwiebel
150 g Möhren
150 g Staudensellerie
150 g Kirschtomaten
2 Stängel Minze
2 Stängel Basilikum
30 g grüne oder schwarze, entsteinte Oliven
4 EL Olivenöl
Pfeffer, frisch gemahlen
2–3 EL Zitronensaft

Zubereitungszeit:
30 Minuten

1. Salzwasser zum Kochen bringen. Weizenkörner in dem kochenden Salzwasser nach Packungsanweisung garen.

2. In der Zwischenzeit die Zwiebel abziehen, halbieren und in Streifen schneiden. Möhren waschen, putzen und schälen. Sellerie waschen, putzen und entfädeln. Möhren und Sellerie in feine Streifen schneiden. Tomaten waschen und halbieren. Minze und Basilikum waschen und trockenschütteln. Kräuterblätter abzupfen und hacken. Oliven halbieren.

3. In einer Pfanne 2 Esslöffel Öl erhitzen und die Zwiebel darin 3 Minuten dünsten. Möhren und Sellerie zugeben und 4 Minuten leicht knackig dünsten. Mit Salz und Pfeffer würzen.

4. Weizen abgießen und in eine Schüssel geben. Mit Zwiebel, Möhren, Sellerie, Tomaten, Minze, Basilikum, Oliven und 2 Esslöffel Öl mischen. Mit Salz, Pfeffer und Zitronensaft abschmecken.

TIPP **Gemüseweizen schmeckt auch einige Stunden durchgezogen als kalter Salat. Reste können über Nacht im Kühlschrank aufbewahrt und am nächsten Tag als Mittagssnack verzehrt werden. Oder man bereitet die doppelte Menge zu und hat dann gleich ein feines Essen für zwei Tage.**

ALTERNATIVE **Wer keinen Weizen bekommt, kann stattdessen Instant-Bulgur oder -Couscous verwenden.**

GEBRATENER REIS MIT GARNELEN

Zutaten für 2 Personen

120 g Basmatireis
Salz
200 g tiefgefrorene Erbsen
20 g frischer Ingwer
1 Knoblauchzehe
½–1 rote Chilischote
8 Garnelen (à 25 g, geschält, küchenfertig)
½ Bund Koriandergrün
4 EL neutrales Öl
1 TL mildes Currypulver
2–3 EL Sojasauce
1–2 EL Limettensaft, frisch gepresst

Zubereitungszeit: 35 Minuten

1. Reis in kochendem Salzwasser nach Packungsanweisung garen. 2 Minuten vor Ende der Garzeit Erbsen unterrühren und mitgaren.

2. In der Zwischenzeit Ingwer schälen, Knoblauch abziehen und beides fein würfeln. Chilischote längs halbieren, entkernen und hacken. Garnelen waschen und trockentupfen. Koriander waschen, trockenschütteln und die Blätter mit den feinen Stängeln grob hacken.

3. In einer großen Pfanne 2 Esslöffel Öl erhitzen. Garnelen zugeben und bei starker Hitze 3 Minuten braten. Garnelen mit 1 Prise Salz würzen und herausnehmen. Erneut 1 Esslöffel Öl erhitzen und Ingwer, Knoblauch und Chili darin bei mittlerer Hitze 2 Minuten braten.

4. Reis und Erbsen abgießen, gut abtropfen lassen, in die Pfanne geben und 3 Minuten mitbraten. Mit Currypulver bestäuben und kurz rösten. Garnelen untermischen und erwärmen. Reis mit Sojasauce und Limettensaft würzen. Mit Koriander bestreuen und servieren.

NOCH SCHNELLER **Schneller lässt sich dieses Gericht aus gekochtem Reis vom Vortag zubereiten.**

ALTERNATIVE **Die Erbsen können durch Zuckerschoten, Zucchini, Möhren, Brokkoli – und was der Kühlschrank noch so bietet – ersetzt oder ergänzt werden. Für eine Extraportion Schärfe den Reis mit Sweet Chilisauce aus einem Asialaden servieren.**

TÜRKISCHE PIZZA

Zutaten für 2 Personen

1 kleine Zwiebel
1 Knoblauchzehe
½ Salatgurke (250 g)
½ Bund glatte Petersilie
2–3 EL Zitronensaft, frisch gepresst
2 EL Olivenöl
Salz
150 g Rinderhack
2 EL Tomatenmark
getrocknete Chiliflocken
4 Fladen dünnes Fladenbrot (ø ca. 20 cm, ersatzweise Weizentortillas)
150 g griechischer Sahnejoghurt (10 % Fett)

Zubereitungszeit: 30 Minuten

1. Den Backofen auf 200 °C (Umluft nicht empfehlenswert, Gas Stufe 3–4) vorheizen. Ein Backblech mit Backpapier belegen.

2. Zwiebel und Knoblauch abziehen und fein würfeln. Gurke waschen, schälen und in kleine Würfel schneiden. Petersilie waschen, trockenschütteln, die Blätter von den Stängeln zupfen und grob hacken. Gurke mit Petersilie, Zitronensaft, 1 Esslöffel Öl und 1 Prise Salz mischen.

3. Hackfleisch mit Zwiebel, Knoblauch, 1 Esslöffel Öl und Tomatenmark mischen. Mit Salz und Chiliflocken würzen.

4. Auf das Backblech 2 Fladenbrote nebeneinander auflegen. Jeweils 1 Fladenbrot mit einem Viertel der Hackmasse gleichmäßig dünn bestreichen. Fladenbrote im heißen Backofen im oberen Drittel 8 bis 10 Minuten backen. Die restlichen 2 Fladenbrote ebenso zubereiten und backen.

5. Türkische Pizza mit der Gurken-Petersilien-Mischung bestreuen und mit Joghurt servieren. Nach Belieben mit Chiliflocken nachwürzen.

Das Bild zum Rezept steht auf Seite 73.

ALTERNATIVE Für einen besonderen Geschmack das Hackfleisch zusätzlich mit 1 Prise gemahlenem Kreuzkümmel würzen und anstelle der Petersilie frische Minze verwenden.

MINI-PILZ-PIZZA

Zutaten für 2 Personen

½ Packung Pizzateig (240 g)
1 Kugel Mozzarella (125 g)
200 g weiße Champignons
6 Zweige Thymian
Mehl für die Arbeitsfläche
Pfeffer, frisch gemahlen
4 EL Olivenöl
grobes Meersalz

Zubereitungszeit:
20 Minuten (plus Backzeit)

1. Ein Backblech im Backofen bei 240 °C (Umluft nicht empfehlenswert, Gas Stufe 5–6) vorheizen. Pizzateig nach Packungsanweisung zubereiten und zugedeckt an einem warmen Ort gehen lassen.

2. Mozzarella halbieren und in Scheiben schneiden. Champignons putzen und in sehr dünne Scheiben schneiden. Thymian waschen, trockenschütteln und die Blättchen von den Zweigen zupfen.

3. Pizzateig vierteln und auf einer bemehlten Arbeitsfläche zu ½ Zentimeter dicken Fladen ausrollen. Die Teigfladen auf einen Bogen Backpapier legen. Mit Mozzarella, Pilzen und Thymian belegen. Mit Pfeffer würzen und mit 2 Esslöffel Olivenöl beträufeln.

4. Pilzpizzen mithilfe des Backpapiers auf das heiße Blech ziehen und im unteren Ofendrittel 15 bis 20 Minuten goldbraun backen. Nach dem Backen mit Meersalz würzen und mit dem restlichen Olivenöl beträufeln.

ALTERNATIVE **Die Minipizzen können auch anders belegt werden, etwa vor dem Backen mit cremigem Gorgonzola und hauchdünnen Zucchinischeiben oder nach dem Backen mit Parmaschinken oder Parmesan. Für die klassische Pizza Napoli gibt man vor dem Backen Pizzatomaten und Büffelmozzarella auf den Teig und bestreut die gebackene Pizza mit frischem Basilikum. Veredelt werden alle Pizzen, indem sie nach dem Backen mit Olivenöl beträufelt und mit grobem Meersalz und Pfeffer gewürzt werden – köstlich!**

INFO **Wer Zeit und Lust hat, bereitet den Pizzateig nach dem Zusatzrezept von Seite 98 frisch zu.**

ZWIEBELPIZZA

1. Ein Backblech im Backofen bei 240 °C (Umluft nicht empfehlenswert, Gas Stufe 5–6) vorheizen. Zwiebel abziehen, halbieren und in feine Streifen schneiden. Speck in ½ Zentimeter große Würfel schneiden.

2. Öl in einer großen Pfanne erhitzen und den Speck darin 5 Minuten knusprig braten. Zwiebel zugeben und bei mittlerer Hitze glasig dünsten. Speck-Zwiebel-Mischung mit Kümmel, 1 Prise Salz und Pfeffer würzen. Käse fein reiben.

3. Ein Stück Backpapier auf eine Arbeitsfläche geben, den Pizzateig entrollen und auf das Backpapier legen. Den Teig mit Schmand bestreichen und mit Käse bestreuen. Zwiebel-Speck-Mischung darauf verteilen. Zwiebelpizza mithilfe des Backpapiers auf das heiße Blech ziehen und im unteren Drittel des Backofens 15 bis 20 Minuten goldbraun backen.

Zutaten für 2 Personen

1 große Gemüsezwiebel
100 g durchwachsener Speck
1 EL neutrales Öl
1 TL Kümmelsaat
Salz
Pfeffer, frisch gemahlen
70 g Hartkäse (z. B. Appenzeller oder Bergkäse)
1 Rolle Pizzateig (Kühlregal)
200 g Schmand

Zubereitungszeit:
20 Minuten (plus Backzeit)

ALTERNATIVE **Für eine zusätzliche Frische und Süße die Pizza außerdem mit einigen Apfelscheiben belegen.**

ZUSATZREZEPT **Wer mehr Zeit hat, kann den Pizzateig ganz einfach selbst machen: Dafür 250 Gramm Mehl, 20 Gramm zerbröselte frische Hefe, 150 Milliliter lauwarmes Wasser, ½ Teelöffel Zucker, ½ Teelöffel Salz und 2 EL Olivenöl erst mit den Knethaken eines Handrührers, dann mit den Händen zu einem glatten Teig verkneten. 30 Minuten zugedeckt an einem warmen Ort gehen lassen. Fertig! Man kann den Teig auch morgens herstellen und bis abends mit Klarsichtfolie bedeckt in den Kühlschrank stellen. Am Abend den Teig herausnehmen und bei Zimmertemperatur 10 bis 20 Minuten gehen lassen.**

GEFÜLLTES FLADENBROT

Zutaten für 2 Personen

2 rote Paprikaschoten
1 Zwiebel
4 EL Olivenöl
Salz
Pfeffer, frisch gemahlen
1 TL getrockneter Oregano
2 Tomaten
100 g Schafskäse
1 kleines Fladenbrot
(ca. 250 g)

Zubereitungszeit:
20 Minuten (plus Backzeit)

1. Den Backofen auf 200 °C (Umluft nicht empfehlenswert, Gas Stufe 3–4) vorheizen. Ein Backblech mit Backpapier belegen.

2. Paprikaschoten waschen, putzen, vierteln und entkernen. Paprikaviertel quer in Streifen schneiden. Zwiebel abziehen und in feine Ringe schneiden. 2 Esslöffel Öl in einer Pfanne erhitzen und Paprika und Zwiebel darin 5 Minuten braten. Mit Salz, Pfeffer und Oregano würzen.

3. Tomaten waschen, Stielansätze entfernen, das Fruchtfleisch in dünne Scheiben schneiden. Schafskäse grob zerbröseln.

4. Fladenbrot waagerecht halbieren. Die Schnittflächen mit 2 Esslöffel Olivenöl beträufeln. Die untere Brothälfte mit Paprika-Zwiebel-Gemüse, Schafskäse und Tomaten belegen. Mit 1 Prise Salz und Pfeffer würzen und mit der anderen Brothälfte bedecken.

5. Gefülltes Fladenbrot auf das mit Backpapier belegte Backblech legen und im heißen Backofen auf der mittleren Schiene 10 bis 15 Minuten knusprig backen.

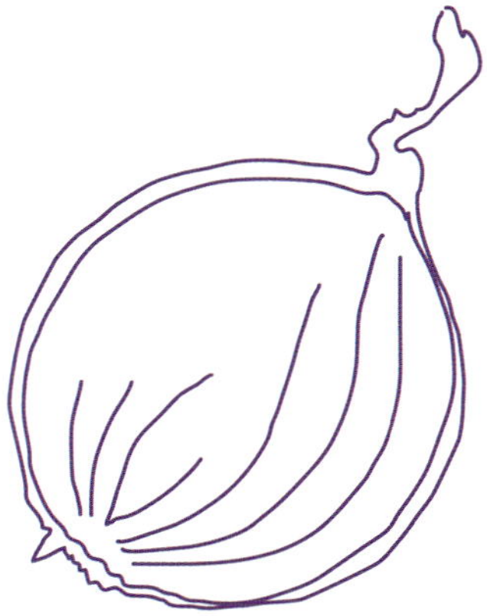

NOCH SCHNELLER **Wenn es etwas schneller gehen soll, das Fladenbrot mit eingelegter Paprika aus dem Glas und rohen Zwiebelringen belegen.**

ZUSÄTZLICH **Für eine zusätzliche Geschmackskomponente eignen sich grob gehackte grüne oder schwarze Oliven.**

FLEISCH & FISCH

STEAK MIT PAPRIKA-KAPERN-GEMÜSE

Zutaten für 2 Personen

1 gelbe Paprikaschote
2 rote Paprikaschoten
1 EL Kapern
1–2 EL Rotweinessig
6 EL Olivenöl
½ TL Zucker
Salz
Pfeffer, frisch gemahlen
2 Rumpsteaks vom Rind
(à 200 g, Zimmertemperatur)
1 Knoblauchzehe
1 Zweig Rosmarin

Zubereitungszeit:
35 Minuten

1. Den Backofengrill vorheizen. Paprikaschoten waschen, putzen, vierteln und entkernen. Die Paprikaviertel mit der Hautseite nach oben auf ein Backblech legen. Paprika unter dem Grill auf der obersten Schiene 6 bis 8 Minuten rösten, bis die Haut schwarze Blasen wirft. Aus dem Backofen nehmen, 5 Minuten mit einem feuchten Geschirrtuch bedecken und anschließend häuten.

2. In einer Schüssel gegrillte Paprika, Kapern, Essig und 4 Esslöffel Öl mischen. Mit Zucker, Salz und Pfeffer würzen.

3. Rumpsteaks rundherum salzen und pfeffern. Knoblauchzehe mit einem Messerrücken andrücken. Rosmarin waschen und trockenschütteln. 2 Esslöffel Öl in einer Pfanne erhitzen. Steaks darin bei mittlerer bis starker Hitze auf beiden Seiten 4 bis 5 Minuten braten. Knoblauch und Rosmarin mitbraten.

4. Steaks mit dem Paprika-Kapern-Gemüse servieren. Dazu nach Belieben frisches Baguette reichen.

Das Bild zum Rezept steht auf Seite 100.

TIPP **Gleich die doppelte Menge Paprika-Kapern-Gemüse zubereiten und am nächsten oder übernächsten Tag als Antipasti mit gerösteten Baguettescheiben und Parmesanspänen servieren.**

SCHWEINEMEDAILLONS MIT PILZRAHM

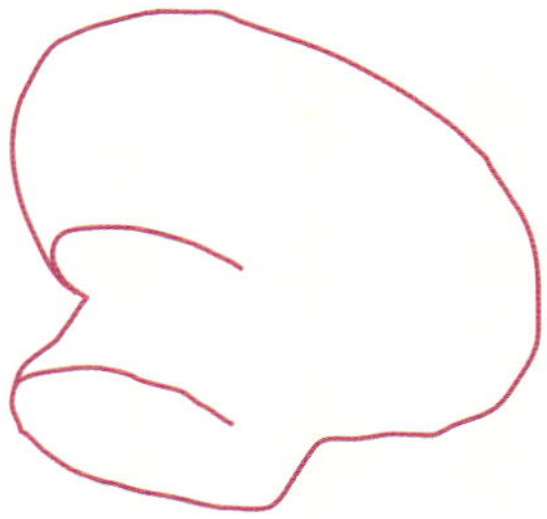

1. Den Backofen auf 180 °C (Umluft 160 °C, Gas Stufe 2–3) vorheizen. Schweinefilet waschen, trockentupfen, in 4 gleich dicke Medaillons schneiden und leicht flach drücken. Pilze putzen und je nach Größe halbieren oder vierteln. Frühlingszwiebeln waschen, putzen und das Weiße und Hellgrüne in 2 Zentimeter lange Stücke schneiden. Petersilie waschen, trockenschütteln, die Blätter abzupfen und fein hacken.

2. Schweinemedaillons mit Salz und Pfeffer würzen. Öl und 1 Teelöffel Butter in einer großen Pfanne erhitzen. Medaillons rundherum bei mittlerer bis starker Hitze braun anbraten, herausnehmen und auf einen ofenfesten Teller legen. Medaillons im heißen Backofen auf der mittleren Schiene 10 bis 12 Minuten garen.

3. In der Zwischenzeit 1 Teelöffel Butter in dem Bratfett in der Pfanne zerlassen. Pilze darin 5 Minuten braten. Frühlingszwiebeln zugeben und 2 Minuten mitbraten. Pilze und Frühlingszwiebeln mit Salz und Pfeffer würzen und mit Weißwein ablöschen. 100 Milliliter Wasser und Sahne zugießen und aufkochen. Sauce 5 Minuten kochen und mit Salz, Pfeffer, Petersilie und einigen Spritzern Worcestersauce würzen. Die Medaillons aus dem Backofen nehmen, kurz ruhen lassen und mit dem Pilzrahm servieren.

Zutaten für 2 Personen

300 g Schweinefilet
200 g braune Champignons
4 Frühlingszwiebeln
4 Stängel krause Petersilie
Salz
Pfeffer, frisch gemahlen
1 EL neutrales Öl
2 TL Butter
50 ml Weißwein
150 g Schlagsahne
Worcestersauce

Zubereitungszeit:
30 Minuten

ZUSÄTZLICH **Als schnelle Beilage eignen sich frische Spätzle aus dem Kühlregal. Diese sind in fast jedem Supermarkt erhältlich. Spätzle in reichlich kochendem Salzwasser nach Packungsanweisung garen. Mit 2 Teelöffel Butter und 2 Esslöffel gehackter Petersilie mischen und servieren.**

HÄHNCHENGESCHNETZELTES MIT ESTRAGON

1. Hähnchenbrust waschen, trockentupfen und der Länge nach halbieren. Die Hälften quer in ½ Zentimeter dicke Scheiben schneiden. Zwiebel abziehen und fein würfeln. Hähnchenfleisch mit Salz und Pfeffer würzen, in Mehl wenden und überschüssiges Mehl abklopfen.

2. Öl mit ½ Esslöffel Butter in einer großen Pfanne erhitzen. Das Fleisch darin bei mittlerer bis starker Hitze rundherum 5 Minuten hellbraun braten und herausnehmen.

3. In der Pfanne ½ Esslöffel Butter im Bratfett zerlassen und die Zwiebel darin bei mittlerer Hitze glasig dünsten. Brühe, Sahne, Erbsen und Estragon zugeben und 5 Minuten kochen.

4. Gebratenes Hähnchenfleisch in die Sauce geben und 2 Minuten mitgaren. Geschnetzeltes mit Salz, Pfeffer und Zitronensaft abschmecken.

Zutaten für 2 Personen

300 g Hähnchenbrustfilet
1 kleine Zwiebel
Salz
Pfeffer, frisch gemahlen
1 EL Mehl
1 EL neutrales Öl
1 EL Butter
150 ml Geflügelbrühe
150 g Schlagsahne
150 g tiefgefrorene Erbsen
1–2 TL getrockneter Estragon
1 EL Zitronensaft, frisch gepresst

Zubereitungszeit:
30 Minuten

ZUSÄTZLICH Dazu passt Reis, Baguette oder Nudeln.

TIPP Getrockneter Estragon ist sehr aromatisch und geschmacksintensiver als frischer. Wer frische Ware verwendet, benötigt die fein geschnittenen Blättchen von ½ Bund Estragon. Die frischen Blätter nicht mitgaren, sondern erst zum Schluss untermischen. Falls man keinen Estragon hat, kann das Geschnetzelte auch mit frischem oder getrocknetem Thymian zubereitet werden.

ENTENBRUST AUS DEM WOK

1. Zuckerschoten waschen und schräg halbieren. Zwiebel abziehen, halbieren und in Streifen schneiden. Entenbrust waschen, trockentupfen und quer in ½ Zentimeter dicke Scheiben schneiden.

2. Ingwer schälen, Knoblauch abziehen und beides mit den Pfefferkörnern in einem Mörser fein zerstoßen. Entenfleisch mit der Würzpaste mischen. Honig mit Sherry und Sojasauce verrühren. Schnittlauch waschen, trockenschütteln und in feine Röllchen schneiden.

3. In einem Wok 2 Esslöffel Öl erhitzen. Die Zuckerschoten und die Zwiebel darin bei starker Hitze 2 Minuten braten und herausnehmen. Erneut 1 Esslöffel Öl erhitzen, das Fleisch auf jeder Seite 1 Minute anbraten und wieder herausnehmen.

4. Den Bratensatz mit der Honig-Soja-Mischung und 150 Milliliter Wasser ablöschen und aufkochen. Speisestärke in wenig kaltem Wasser auflösen, unter Rühren in die Sauce gießen und aufkochen. Zuckerschoten, Zwiebel und Entenbrust untermischen und einmal kurz aufkochen. Das Gericht mit Schnittlauch bestreuen und servieren.

Zutaten für 2 Personen

200 g Zuckerschoten
1 rote Zwiebel
1 Entenbrustfilet (300 g)
20 g frischer Ingwer
1 Knoblauchzehe
1 TL schwarze Pfefferkörner
1 EL flüssiger Honig
2 EL trockener Sherry (ersatzweise Weißwein)
4 EL Sojasauce
½ Bund Schnittlauch
3 EL neutrales Öl
1 TL Speisestärke

Zubereitungszeit:
25 Minuten

ZUSÄTZLICH Dazu passt Basmatireis (siehe Zusatzrezept auf Seite 40). Wer keine Cashewnüsse mag, lässt sie einfach weg.

ALTERNATIVE Die Entenbrust durch Schweinefilet oder Rinderhüftsteak austauschen. Als Alternative zu den Zuckerschoten Brokkoli oder grünen Spargel braten, dann erhöht sich die Bratzeit auf 5 Minuten.

GEMÜSEHÄHNCHEN VOM BLECH

Zutaten für 2 Personen

8 junge Knoblauchzehen
350 g festkochende Kartoffeln
300 g Fenchelknolle mit Grün
6 Hähnchenunterkeulen (Drumsticks, à ca. 120 g)
1 ½ TL rosenscharfes Paprikapulver
Salz
2 EL Olivenöl
1 Biozitrone

Zubereitungszeit: 10 Minuten (plus Garzeit)

1. Backofen auf 200 °C (Umluft nicht empfehlenswert, Gas Stufe 3–4) vorheizen. Ein Backblech mit Backpapier auslegen.

2. Knoblauchzehen halbieren. Kartoffeln waschen, schälen und in ½ Zentimeter dicke Scheiben schneiden. Fenchel putzen, waschen und das zarte Grün beiseitelegen. Fenchel längs halbieren, den Strunk keilförmig herausschneiden und die Knollen in 2 Zentimeter dicke Spalten schneiden. Hähnchenunterkeulen waschen und trockentupfen.

3. Knoblauch, Kartoffeln, Fenchel und Hähnchenunterkeulen in einer großen Schüssel mit Paprika, Salz und Öl mischen. Alles auf das mit Backpapier belegte Backblech verteilen. Im heißen Backofen auf der mittleren Schiene 40 Minuten goldbraun backen.

4. Zitrone waschen, halbieren und in Spalten schneiden. Gemüsehähnchen mit Fenchelgrün bestreuen und mit den Zitronenspalten servieren.

ALTERNATIVE **Dieses Gericht kann auch mit Kürbisspalten, Süßkartoffelscheiben oder Paprikaschoten zubereitet werden.**

KRÄUTERHÄHNCHEN MIT SCHMORTOMATEN

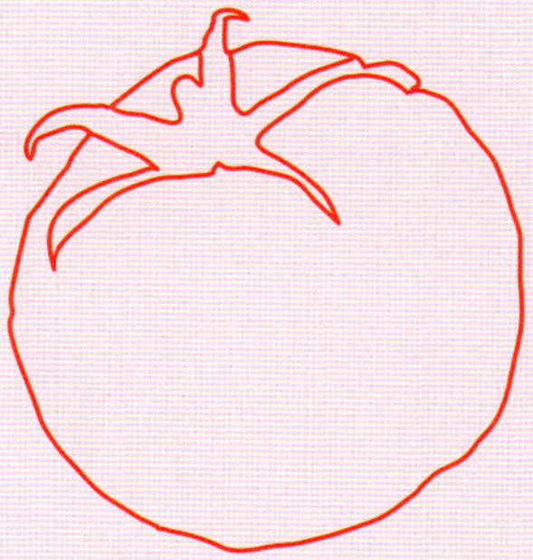

1. Den Backofen auf 160 °C (Umluft nicht empfehlenswert, Gas Stufe 1–2) vorheizen. Rosmarin und Thymian waschen, trockenschütteln, die Nadeln bzw. Blättchen von den Zweigen abzupfen und grob hacken. Die Hälfte der Kräuter mit Honig, 2 Esslöffel Öl, Salz und Pfeffer verrühren. Hähnchenbrüste waschen, trockentupfen und mit diesem Kräuteröl einreiben. Zwiebeln abziehen, halbieren und in Streifen schneiden. Tomaten waschen und halbieren.

2. Eine Pfanne erhitzen. Hähnchenbrüste darin bei mittlerer bis starker Hitze rundherum 4 Minuten goldbraun anbraten. Fleisch auf einen ofenfesten Teller legen und im heißen Backofen auf der mittleren Schiene 15 Minuten garen.

3. In der Zwischenzeit 1 Esslöffel Öl in der Pfanne im Bratfett erhitzen. Zwiebeln darin bei mittlerer Hitze 5 Minuten braten. Tomaten und die restlichen Kräuter zugeben und 2 Minuten mitbraten. Mit Salz, Pfeffer und Zucker würzen. 50 Milliliter Wasser zugießen und aufkochen. Hähnchenbrüste aus dem Backofen nehmen und mit den Schmortomaten servieren. Dazu passt Baguette.

Zutaten für 2 Personen

1 Zweig Rosmarin
4 Zweige Thymian
1 EL flüssiger Honig
3 EL Olivenöl
Salz
Pfeffer, frisch gemahlen
2 Hähnchenbrustfilets (à 150 g)
2 kleine Zwiebeln
300 g Kirschtomaten
½ TL Zucker

Zubereitungszeit: 30 Minuten

Das Bild zum Rezept schmückt das Cover.

ALTERNATIVE Statt Tomaten Zucchini oder Paprikaschoten verwenden.

ZUSATZREZEPT Wer mehr Zeit hat, bereitet als Beilage eine cremige Polenta zu. Dafür 300 Milliliter Milch mit 300 Milliliter Wasser und 1 Zweig Rosmarin aufkochen. 70 Gramm Maisgrieß für Polenta einrühren und aufkochen. Bei schwacher Hitze zugedeckt unter gelegentlichem Rühren 15 bis 20 Minuten quellen lassen. 2 Esslöffel geriebenen Parmesan und 1 Esslöffel Olivenöl unterrühren. Salzen, pfeffern.

LAMMKOTELETTS MIT WALNUSSJOGHURT

Zutaten für 2 Personen

2 Knoblauchzehen
4 EL Olivenöl
2 TL getrockneter Oregano
8 Lammstielkoteletts
2 EL Walnusskerne
150 g griechischer Sahnejoghurt (10 %)
Salz
Pfeffer, frisch gemahlen
1 Prise Zucker
1 EL Zitronensaft, frisch gepresst

Zubereitungszeit: 25 Minuten

1. Knoblauch abziehen und 1 ½ Zehen in dünne Scheiben schneiden. Knoblauchscheiben mit Öl und Oregano verrühren. Lammkoteletts waschen, trockentupfen und in einer Auflaufform mit dem Knoblauchöl mischen. Lammkoteletts 10 Minuten marinieren.

2. Inzwischen Walnüsse grob hacken, in einer Pfanne ohne Fett goldbraun rösten und herausnehmen. Joghurt glatt rühren und mit Salz, Pfeffer, Zucker und Zitronensaft würzen. Die ½ Knoblauchzehe durchpressen und untermischen.

3. Eine Pfanne erhitzen. Lammkoteletts darin auf jeder Seite bei starker Hitze 2 bis 3 Minuten grillen. Dabei die Koteletts mit Salz und Pfeffer würzen.

4. Walnüsse unter den Joghurt rühren. Lammkoteletts sofort mit dem Walnussjoghurt servieren.

TIPP **Besonders aromatisch wird das Lammfleisch, wenn es schon morgens mit dem Knoblauchöl mariniert wird. Dann das Fleisch im Kühlschrank aufbewahren und eine halbe Stunde vor der Zubereitung herausnehmen.**

ZUSÄTZLICH **Zu den Lammkoteletts passt Tomatenbulgur mit Schafskäse (Seite 91), Couscoussalat mit Wassermelone (Seite 53), der mediterrane Bauernsalat (Seite 52) oder einfach Weißbrot sehr gut.**

PFEFFERSTEAKS MIT ROTWEIN-ZWIEBEL-SAUCE

Zutaten für 2 Personen

1 Zweig Rosmarin
2 Zwiebeln
1 TL schwarze Pfefferkörner
2 Hüftsteaks vom Rind
(à 220 g, Zimmertemperatur)
3 EL Olivenöl
grobes Meersalz
2 TL Zucker
2 EL dunkler Aceto
balsamico
150 ml Rotwein
100 ml Fleischbrühe
1 EL kalte Butter

Zubereitungszeit:
30 Minuten

1. Den Backofen auf 170 °C (Umluft 150 °C, Gas Stufe 2) vorheizen. Einen Backrost mit Alufolie auslegen. Rosmarin waschen und trockenschütteln. Zwiebeln abziehen, halbieren und in feine Streifen schneiden. Pfefferkörner in einem Mörser grob zerstoßen.

2. Steaks mit jeweils 1 Esslöffel Öl einreiben und mit Salz und Pfeffer würzen. Eine Pfanne stark erhitzen und die Steaks darin rundherum 3 Minuten anbraten. Steaks auf den mit Alufolie belegten Rost legen und im heißen Backofen auf der mittleren Schiene 12 Minuten medium garen.

3. Inzwischen 1 Esslöffel Öl im Bratfett in der Pfanne erhitzen. Zwiebeln und Rosmarin darin bei mittlerer Hitze 4 Minuten hellbraun braten. Mit Zucker bestreuen und karamellisieren. Mit Essig, Wein und Brühe ablöschen und 7 Minuten einkochen. Sauce mit Salz und Pfeffer würzen. Die kalte Butter zur Bindung in die Sauce rühren und diese nicht mehr kochen.

4. Steaks aus dem Backofen nehmen, kurz ruhen lassen und mit der Rotwein-Zwiebel-Sauce servieren.

ZUSÄTZLICH **Dazu passt Baguette als Beilage.**

ZUSATZREZEPT **Etwas zeitintensiver und ebenso köstlich ist ein Kartoffelstampf als Beilage. Dazu 500 Gramm mehligkochende Kartoffeln schälen und grob würfeln. Kartoffeln in Salzwasser 25 Minuten garen und abgießen. 100 Milliliter Milch mit 1 Esslöffel Butter aufkochen und mit Salz und frisch geriebener Muskatnuss würzen. Milch zu den Kartoffeln geben und mit einem Kartoffelstampfer zerstampfen.**

PETERSILIENSCHNITZEL MIT GURKEN-TOMATEN-SALAT

Zutaten für 2 Personen

½ Salatgurke (250 g)
200 g kleine Strauchtomaten
1 Bund glatte Petersilie
2 EL Zitronensaft, frisch gepresst
Salz
Pfeffer, frisch gemahlen
½ TL Zucker
4 EL Rapsöl
2 Eier
60 g Semmelbrösel
4 kleine Schweineschnitzel (à 70 g)
2 EL Mehl
2–3 EL Butterschmalz

Zubereitungszeit:
30 Minuten

1. Gurke waschen, streifig schälen und in dünne Scheiben schneiden. Tomaten waschen, die Stielansätze entfernen und das Fruchtfleisch in grobe Stücke schneiden. Petersilie waschen, trockenschütteln, die Blätter von den Stängeln zupfen und grob hacken.

2. Für das Dressing Zitronensaft mit Salz, Pfeffer und Zucker verrühren. Öl nach und nach unterrühren.

3. Eier verquirlen. Semmelbrösel mit der Hälfte der Petersilie mischen. Schnitzel waschen, trockentupfen und nebeneinander in einen Gefrierbeutel legen. Mit einem Topfboden leicht flach klopfen. Schnitzel mit Salz und Pfeffer würzen. Schnitzel erst im Mehl wenden, dann durch das Ei ziehen und anschließend in den Semmelbröseln panieren.

4. Butterschmalz in einer Pfanne erhitzen. Schnitzel darin bei mittlerer Hitze auf jeder Seite 2 bis 3 Minuten goldbraun braten und auf Küchenpapier abtropfen lassen. Gurke, Tomaten und die restliche Petersilie mit dem Zitronendressing mischen. Petersilienschnitzel sofort mit dem Salat servieren.

TIPP **Die Semmelbrösel können aus altbackenen Brötchen oder Weißbrot hergestellt werden. Vor allem Brötchen mit Sonnenblumen- oder Kürbiskernen verleihen der Panade einen besonderen Geschmack und Biss. Brötchen in einen Blitzhacker geben, zerkleinern und in einer Blechdose aufbewahren.**

ALTERNATIVE **Eine leichte Anisnote erhalten Schnitzel und Salat, wenn die Petersilie durch Estragon ausgetauscht wird.**

LACHS MIT SESAMSPARGEL

Zutaten für 2 Personen

500 g grüner Spargel
2 Lachsfilets (à 180 g)
3 Stängel Basilikum
2 EL Olivenöl
1 EL Butter
1 TL Zucker
Salz
Pfeffer, frisch gemahlen
1–2 EL Zitronensaft, frisch gepresst
2 EL Sesamsaat

Zubereitungszeit: 25 Minuten

1. Den Backofen auf 100 °C (Umluft nicht empfehlenswert, Gas Stufe 1) vorheizen. Spargel waschen, im unteren Drittel schälen und die Enden abschneiden. Spargelstangen längs und quer halbieren. Lachsfilet waschen und trockentupfen. Basilikum waschen, trockenschütteln, die Blätter von den Stängeln streifen und grob zupfen.

2. In einer beschichteten Pfanne 1 Esslöffel Öl mit ½ Esslöffel Butter erhitzen. Spargel darin bei mittlerer Hitze rundherum 5 bis 7 Minuten bissfest braten. Spargel mit Zucker bestreuen und leicht karamellisieren. Mit Salz, Pfeffer und Zitronensaft würzen. Sesam zugeben und den Spargel darin wenden. Spargel auf einen Teller geben, im Backofen warm halten.

3. Lachs beidseitig mit Salz und Pfeffer würzen. Die Pfanne mit einem Küchenpapier auswischen. Erneut 1 Esslöffel Öl mit ½ Esslöffel Butter in der Pfanne erhitzen. Lachs darin bei mittlerer bis starker Hitze auf jeder Seite 3 Minuten braten. Lachs mit dem Sesamspargel anrichten und mit Basilikum bestreuen.

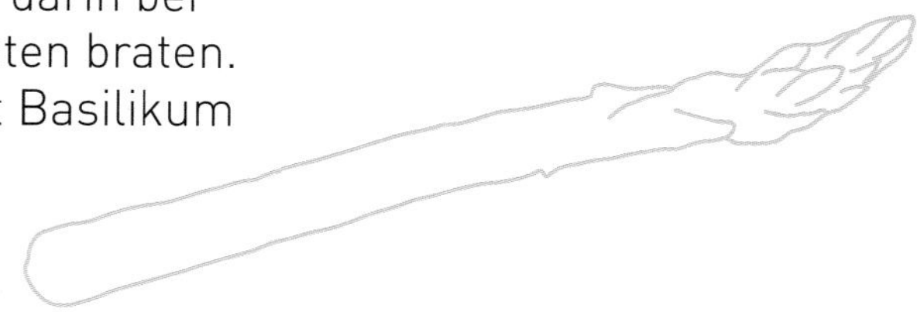

ZUSÄTZLICH Ein schlichtes, knuspriges Baguette ist ein passender Begleiter.

ZUSATZREZEPT Eine feine Blitz-Aioli rundet alles ab: Dafür 1 besonders frisches Ei, 1 abgezogene, gehackte Knoblauchzehe und 125 Milliliter neutrales Öl in ein schmales, hohes Gefäß geben. Einen Stabmixer auf den Boden des Gefäßes setzen und während des Verquirlens langsam hochziehen. 3 Esslöffel Olivenöl unterrühren. Mit Salz, rosenscharfem Paprikapulver und einigen Spritzern Zitronensaft würzen.

GEBRATENES ZANDERFILET MIT SPECKBOHNEN

1. Für die Bohnen in einem Topf 1 Liter Salzwasser aufsetzen. Speck in ½ Zentimeter große Würfel schneiden. Zwiebel abziehen und fein würfeln. Petersilie waschen, trockenschütteln, die Blätter von den Stängeln zupfen und fein hacken.

2. In einer Pfanne 1 Esslöffel Öl erhitzen und den Speck darin knusprig braten. Zwiebel zugeben und 3 Minuten mitbraten. ½ Esslöffel Butter zugeben und schmelzen.

3. Bohnen im Salzwasser 2 bis 3 Minuten kochen und abgießen. Bohnen und Petersilie unter die Speck-Zwiebel-Mischung mengen. Salzen und pfeffern. Speckbohnen warm halten.

4. Zanderfilets waschen, trockentupfen und die Haut mehrmals mit einem scharfen Messer schräg einschneiden. 1 Esslöffel Öl und ½ Esslöffel Butter in einer beschichteten Pfanne erhitzen. Fischfilets mit Salz und Pfeffer würzen. Erst auf der Fleischseite 2 Minuten braten, dann wenden und auf der Hautseite bei mittlerer Hitze 5 Minuten braten. Zanderfilets mit den Speckbohnen servieren.

Zutaten für 2 Personen

Salz
80 g durchwachsener Speck
1 Zwiebel
½ Bund glatte Petersilie
2 EL neutrales Öl
1 EL Butter
150 g tiefgekühlte grüne Bohnen
Pfeffer, frisch gemahlen
2 Zanderfilets (küchenfertig, mit Haut, à 150 g)

Zubereitungszeit:
25 Minuten

Das Bild zum Rezept steht auf Seite 101.

ZUSÄTZLICH Dazu passen Pellkartoffeln (siehe Grundrezept auf Seite 35).

ALTERNATIVE Wenn es schneller gehen soll, die Speckbohnen zu Matjesfilets (gesalzene, milde Heringe) servieren. Wer mehr Zeit hat, kocht frische grüne Buschbohnen. Dafür die Bohnen waschen, putzen und in kochendem Salzwasser 8 bis 12 Minuten garen. Gekochte Bohnen lassen sich sehr gut einfrieren. Dafür die abgegossenen Bohnen mit kaltem Wasser abschrecken, gut abtropfen lassen und in einen Gefrierbeutel geben.

RÄUCHERLACHS MIT GEBRATENEN KARTOFFELWÜRFELN

1. Kartoffeln waschen, schälen und in 1 Zentimeter große Würfel schneiden. Zwiebel abziehen, halbieren und in Streifen schneiden.

2. Butterschmalz in einer Pfanne erhitzen. Kartoffelwürfel darin bei mittlerer Hitze unter gelegentlichem Rühren 8 Minuten goldbraun braten. Mit Salz und Pfeffer würzen.

3. In der Zwischenzeit den Dill waschen und trockenschütteln. Dillspitzen abzupfen und hacken. Schmand mit Dill verrühren und mit 1 Prise Salz, Pfeffer und Zitronensaft würzen.

4. Zwiebel zu den Kartoffeln geben und 4 Minuten mitbraten. Lachsscheiben auf 2 Tellern verteilen und mit den Kartoffelwürfeln und Dillschmand servieren.

Zutaten für 2 Personen

500 g festkochende Kartoffeln
1 Zwiebel
1 ½ EL Butterschmalz
Salz
Pfeffer, frisch gemahlen
4 Stängel Dill
150 g Schmand
1–2 TL Zitronensaft
150 g geräucherter Lachs (in Scheiben)

Zubereitungszeit:
25 Minuten

ALTERNATIVE **Statt Räucherlachs Roastbeef- oder Schweinebratenaufschnitt zu den gebratenen Kartoffelwürfeln servieren. Dann den Schmand je nach Belieben mit 2 Esslöffel Schnittlauchröllchen und 1 gewürfelten Gewürzgurke mischen.**

ROSMARINDORADE MIT GETROCKNETEN TOMATEN

1. Den Backofen auf 225 °C (Umluft nicht empfehlenswert, Gas Stufe 5) vorheizen. Ein Backblech mit Backpapier auslegen.

2. Rosmarin waschen, trockenschütteln, die Nadeln von den Zweigen streifen und fein hacken. Getrocknete Tomaten fein würfeln. Knoblauch abziehen und fein hacken. Rosmarin, Tomaten und Knoblauch mischen und mit Pfeffer würzen.

3. Doraden von innen und außen waschen, trockentupfen und mit je 1 Esslöffel Öl einreiben. Doraden von innen und außen mit Salz und Pfeffer würzen. Jeweils die Hälfte der Rosmarin-Tomaten-Mischung in die Bauchhöhle der Fische geben.

4. Doraden auf das mit Backpapier belegte Backblech legen. Im heißen Backofen auf der mittleren Schiene ca. 20 Minuten garen. Wenn sich die Rückenflosse leicht aus den Fischen ziehen lässt, sind die Doraden gar.

Zutaten für 2 Personen

2 Zweige Rosmarin
6 getrocknete Tomaten (in Öl eingelegt)
1 Knoblauchzehe
Pfeffer, frisch gemahlen
2 ganze Doraden (küchenfertig, à 400 g)
2 EL Olivenöl
Salz

Zubereitungszeit:
30 Minuten

ZUSÄTZLICH Dazu passen ein frischer grüner Salat und Weißbrot.

NOCH SCHNELLER Noch schneller geht es, wenn man die Doraden einfach mit je 1 Esslöffel Tomatenpesto (fertig gekauft oder nach dem Rezept auf Seite 25 vorbereitet) füllt.

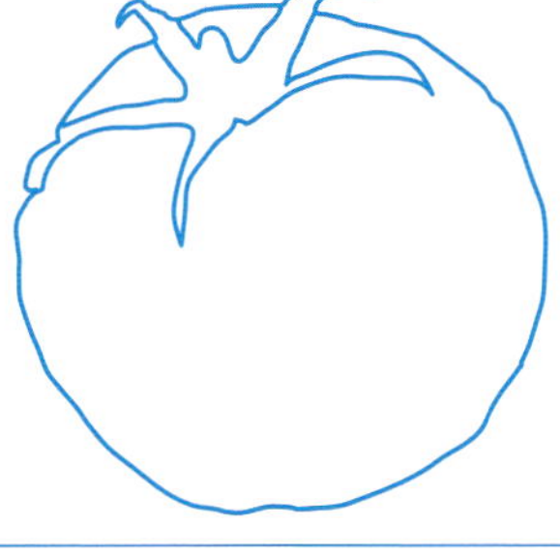

FISCH MIT CURRYKRUSTE

Zutaten für 2 Personen

2 ½ EL weiche Butter
400 g tiefgefrorener Blattspinat
50 g gesalzene Cracker
1 TL mildes Currypulver
2 Rotbarschfilets (küchenfertig, ohne Haut, à 170 g)
Salz
Pfeffer, frisch gemahlen
1 kleine Zwiebel
150 g Schlagsahne
Muskatnuss, frisch gerieben

Zubereitungszeit: 35 Minuten

1. Den Backofen auf 200 °C (Umluft nicht empfehlenswert, Gas Stufe 3–4) vorheizen. Eine Auflaufform mit ½ Esslöffel Butter ausfetten. Spinat auftauen.

2. Cracker mit 1 Esslöffel Butter und Currypulver in einen Blitzhacker geben und fein zerkleinern.

3. Rotbarschfilets waschen, trockentupfen und rundherum mit Salz und Pfeffer würzen. Den Fisch in die Auflaufform legen und mit der Crackermischung bedecken. Im heißen Backofen im unteren Drittel 15 bis 20 Minuten goldbraun backen.

4. In der Zwischenzeit die Zwiebel abziehen und fein würfeln. Spinat kräftig ausdrücken. 1 Esslöffel Butter in einem Topf zerlassen und die Zwiebel darin glasig dünsten. Spinat zugeben und 2 Minuten mitdünsten. Sahne zugießen, aufkochen und 5 Minuten bei schwacher Hitze kochen. Mit Salz, Pfeffer und Muskat würzen. Fisch mit Rahmspinat servieren.

TIPP **In einer fest verschlossenen Frischhaltedose oder einem Gefrierbeutel ist die Crackermischung im Kühlschrank ca. 10 Tage haltbar. Einfach vor dem Gebrauch mit den Fingern zerbröseln und auf den Fisch geben.**

ALTERNATIVE **Die Currymischung kann auch auf einen angebratenen Lammlachs gestreut und im Backofen gratiniert werden.**

MANDELFISCH MIT BROKKOLISTAMPF

Zutaten für 2 Personen

Salz
400 g Brokkoli
200 g vorwiegend festkochende Kartoffeln
2 Seelachsfilets (küchenfertig, ohne Haut, à 150 g)
Pfeffer, frisch gemahlen
1 Ei
3 EL Mehl
100 g Mandelblättchen
2 EL Butterschmalz
1 Biozitrone
2 EL Schmand

Zubereitungszeit: 35 Minuten

1. In einem Topf 1 Liter Salzwasser aufsetzen. Den Backofen auf 180 °C (Umluft nicht empfehlenswert, Gas Stufe 2–3) vorheizen. Ein Backblech mit Backpapier auslegen.

2. Brokkoli waschen, putzen und in kleine Röschen teilen. Kartoffeln waschen, schälen und in kleine Würfel schneiden. Brokkoli und Kartoffeln im vorbereiteten Salzwasser zugedeckt 15 Minuten garen.

3. In der Zwischenzeit die Fischfilets waschen, trockentupfen und jeweils in 3 Stücke schneiden. Rundherum mit Salz und Pfeffer würzen. Das Ei verquirlen. Fischstücke erst in Mehl wenden und abklopfen. Dann durch das Ei ziehen, in Mandelblättchen wenden und andrücken.

4. Butterschmalz in einer beschichteten Pfanne erhitzen und die Fischstücke darin bei mittlerer Hitze rundherum goldbraun anbraten. Den angebratenen Fisch auf das mit Backpapier belegte Backblech legen und im heißen Backofen im unteren Drittel 10 bis 12 Minuten garen.

5. Zitrone waschen, halbieren und die eine Hälfte in 4 Spalten schneiden, die andere auspressen. Brokkoli und Kartoffeln abgießen und mit einem Kartoffelstampfer grob stampfen. Schmand untermischen und den Stampf mit Salz, Pfeffer und einigen Spritzern Zitronensaft würzen. Mandelfisch mit Brokkolistampf und Zitronenspalten servieren.

NOCH SCHNELLER

Wenn es schneller gehen soll, die Fischstücke unpaniert rundherum 4 bis 5 Minuten anbraten und anschließend mit gerösteten Mandelblättchen bestreuen.

ÜBERBACKENES SEELACHSFILET

1. Den Backofen auf 200 °C (Umluft 180 °C, Gas Stufe 3–4) vorheizen.

2. Tomaten waschen, die Stielansätze entfernen und das Fruchtfleisch in ½ Zentimeter dicke Scheiben schneiden. Zucchini waschen, putzen und in sehr feine Scheiben schneiden. Knoblauch abziehen, durch eine Knoblauchpresse drücken und mit dem Öl mischen. Tomaten und Zucchini mit dem Knoblauchöl mischen. Mit Salz und Pfeffer würzen.

3. Crème fraîche mit Thymian verrühren und mit Salz und Pfeffer würzen.

4. Fischfilet waschen, trockentupfen und in 4 gleich große Stücke schneiden. Tomaten- und Zucchinischeiben in eine Auflaufform (ca. 25 x 20 Zentimeter) schichten. Die Fischstücke nebeneinander auf das Gemüse legen und mit der Thymiancreme bestreichen.

5. Fisch im heißen Backofen auf der mittleren Schiene 20 Minuten garen.

Zutaten für 2 Personen

150 g kleine Strauchtomaten
1 kleine Zucchini (150 g)
1 kleine Knoblauchzehe
1 ½ EL Olivenöl
Salz
Pfeffer, frisch gemahlen
150 g Crème fraîche
½ TL getrockneter Thymian
300 g Seelachsfilet oder Rotbarschfilet (küchenfertig, ohne Haut)

Zubereitungszeit:
30 Minuten

ZUSÄTZLICH **Dazu passt Baguette oder gekochter Reis.**

ALTERNATIVE **Für dieses Gericht tiefgekühltes Fischfilet verwenden. Zum langsamen Auftauen das Fischfilet aus der Verpackung nehmen, auf einen tiefen Teller legen, mit einem weiteren Teller abdecken und im Kühlschrank über Nacht auftauen lassen.**

FISCH-PICCATA

Zutaten für 2 Personen

1 kleiner Kopfsalat
½ Bund Schnittlauch
1 Biozitrone
150 g Schlagsahne
Salz
Pfeffer, frisch gemahlen
½ TL Zucker
4 EL Mehl
40 g Parmesan
2 Eier
2 Seelachsfilets (küchenfertig, ohne Haut, à 150 g)
4 EL neutrales Öl

Zubereitungszeit:
30 Minuten

1. Salat putzen, waschen, vorsichtig trockenschleudern und die Blätter grob zupfen. Schnittlauch waschen, trockenschütteln und in feine Röllchen schneiden. Zitrone waschen und halbieren. Die eine Hälfte auspressen und die andere Hälfte in Spalten schneiden. Sahne mit Zitronensaft verrühren und mit Salz, Pfeffer und Zucker würzen.

2. Mehl in eine Arbeitsschale geben. Parmesan reiben. Eier verquirlen und den Käse untermischen.

3. Fischfilets waschen, trockentupfen und halbieren. Fisch rundherum mit Salz und Pfeffer würzen. Öl in einer Pfanne erhitzen. Fischstücke erst im Mehl wenden und abklopfen. Dann mithilfe einer Gabel durch die Eimischung ziehen und bei mittlerer bis starker Hitze auf jeder Seite 3 bis 4 Minuten goldbraun braten. Fischstücke auf Küchenpapier abtropfen lassen.

4. Salat und Schnittlauch mit der Sahnesauce mischen. Fisch-Piccata mit Salat und Zitronenspalten servieren.

ZUSÄTZLICH **Fisch-Piccata kann auch bestens mit Tomatensalsa (Zusatzrezept Seite 36) kombiniert werden.**

ALTERNATIVE **Wer keinen Fisch mag, verwendet stattdessen 2 waagerecht halbierte Hähnchenbrustfilets (à 150 Gramm). Dann erhöht sich die Bratzeit auf jeder Seite um ca. 3 Minuten.**

REZEPTREGISTER

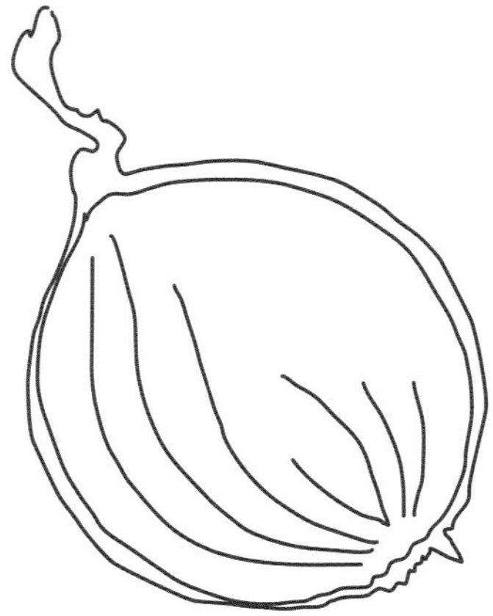

IMPRESSUM

Hinweis

Die Ratschläge/Informationen in diesem Buch sind von Autorin und Verlag sorgfältig erwogen und geprüft. Dennoch kann eine Garantie nicht übernommen werden. Eine Haftung der Autorin bzw. des Verlags und seiner Beauftragten für Personen-, Sach- und Vermögensschäden ist ausgeschlossen.

Bildnachweis

Fotografie: Maike Jessen
Foodstyling: Anne Lucas
Styling: Maike Jessen

Redaktionsleitung Susanne Kirstein
Projektleitung Eva Wagner
Layout Katja Muggli
DTP, Gesamtproducing
v*büro – Jan-Dirk Hansen, München
Redaktion Dr. Ute Paul-Prößler
Bildredaktion Sabine Kestler
Korrektorat Dr. Ulrike Kretschmer
Litho Regg Media GmbH, München
Druck und Verarbeitung
Mohn media Mohndruck GmbH, Gütersloh

Printed in Germany

MIX
Papier aus verantwortungsvollen Quellen
FSC® C011124
FSC www.fsc.org

Verlagsgruppe Random House
FSC-DEU-0100

Das für dieses Buch verwendete FSC®-zertifizierte Papier *Novatech satin* wurde produziert von UPM Dörpen.

ISBN 978-3-517-08775-7
817 2635 4453 6271